COMPREENDER HOBBES

Série Compreender

- *Compreender Kant*
  Georges Pascal
- *Compreender Nietzsche*
  Jean Lefranc
- *Compreender Platão*
  Christophe Rogue
- *Compreender Schopenhauer*
  Jean Lefranc
- *Compreender Hegel*
  Francisco Pereira Nóbrega
- *Compreender Spinoza*
  Hadi Rizk
- *Compreender Sócrates*
  Louis-André Dorion
- *Compreender Aristóteles*
  François Stirn
- *Compreender Plotino e Proclo*
  Cícero Cunha Bezerra
- *Compreender Kierkegaard*
  France Farago
- *Compreender Sartre*
  Gary Cox
- *Compreender Husserl*
  Natalie Depraz
- *Compreender Bergson*
  Jean-Louis Vieillard-Baron
- *Compreender Lévinas*
  B.C. Hutchens
- *Compreender Gadamer*
  Chris Lawn
- *Compreender Marx*
  Denis Collin
- *Compreender Wittgenstein*
  Kai Buchholz
- *Compreender Habermas*
  Walter Reese-Schäfer
- *Compreender Heidegger*
  Marco Antonio Casanova
- *Compreender Hume*
  Angela M. Coventry
- *Compreender Ricouer*
  David Pellauner
- *Compreender Derrida*
  Julian Wolfreys
- *Compreender Leibniz*
  Franklin Perkins
- *Compreender Rousseau*
  Mathew Simpson
- *Compreender Merleau-Ponty*
  Eric Matthews
- *Compreender Adorno*
  Alex Thomson
- *Compreender Hannah Arendt*
  Karin A. Fry
- *Compreender Hobbes*
  Stephen J. Finn
- *Compreender Descartes*
  Justin Skirry
- *Compreender Al-Farabi e Avicena*
  Jamil Ibrahim Iskandar

Dados Internacionais de Catalogação na Publicação (CIP)
(Câmara Brasileira do Livro, SP, Brasil)

Finn, Stephen J.
Compreender Hobbes / Stephen J. Finn; tradução de Caesar Souza. – Petrópolis, RJ : Vozes, 2010. – (Série Compreender)
Título original : Hobbes: a guide for the perplexed
Bibliografia
ISBN 978-85-326-2446-8
1. Filosofia inglesa 2. Hobbes, Thomas, 1588-1679 I. Título. II. Série.

10-09762 CDD-192

Índices para catálogo sistemático:
1. Hobbes: Filosofia inglesa 192

Stephen J. Finn

COMPREENDER HOBBES

Tradução de Caesar Souza

EDITORA
VOZES

Petrópolis

Título original inglês: *Hobbes: A Guide for the Perplexed*

Obra publicada por intermédio do Continuum International Publishing Group.

Direitos de publicação em língua portuguesa
2010, Editora Vozes Ltda.
Rua Frei Luís, 100
25689-900 Petrópolis, RJ
Internet: http://www.vozes.com.br
Brasil

Diretor editorial
Frei Antônio Moser

Editores
Aline dos Santos Carneiro
José Maria da Silva
Lídio Peretti
Marilac Loraine Oleniki

Secretário executivo
João Batista Kreuch

Editoração: Frei André Luiz da Rocha Henriques
Projeto gráfico: AG.SR Desenv. Gráfico
Capa: Marta Braiman

ISBN 978-85-326-2446-8 (edição brasileira)
ISBN 0-8264-8838-2 (edição inglesa)

Editado conforme o novo acordo ortográfico.

Este livro foi composto e impresso pela Editora Vozes Ltda.

Agradecimentos

Eu gostaria de agradecer a meu colega John Bean, do Departamento de Inglês da Universidade de Seattle, por seus comentários perspicazes ao meu manuscrito. Agradeço também a David Blancha, meu assistente de pesquisa e especializado em Filosofia na Universidade de Seattle, por sua ajuda em tornar o manuscrito mais acessível aos alunos e ao leitor em geral. Finalmente, agradeço à minha esposa, Joan, por seu encorajamento e apoio.

Para meu filho, Seamus.

Sumário

UMA NOTA AOS LEITORES

Este livro é um guia não apenas para entender o pensamento de Thomas Hobbes, mas também para as atividades filosóficas de *interpretação* e de *investigação*. Existem muitos livros excelentes que introduzem a filosofia de Hobbes a um público geral, e por isso alguém poderia perguntar por que outro livro seria necessário. Este livro é único, eu acredito, na medida em que encoraja os leitores não só a desenvolverem sua própria *interpretação* de Hobbes, mas também a se engajarem em uma *investigação* filosófica das ideias de que trata Hobbes. Nesta nota, eu gostaria de oferecer alguns comentários preliminares sobre como usar este livro.

Eu suponho que você esteja lendo este livro sobre Hobbes para aprender sobre suas ideias. No entanto, você deveria estar atento para o fato de que os estudiosos frequentemente discordam sobre o que as ideias de Hobbes realmente são. Assim, quando você ler um texto introdutório sobre Hobbes, incluindo este aqui, você com frequência lerá uma interpretação específica de Hobbes que pode diferir de outras interpretações de Hobbes. Mesmo sobre as ideias mais básicas na filosofia de Hobbes, há desacordo acadêmico. No fim, então, você deve determinar por você mesmo se uma interpretação específica é acurada. Para fazer essa determinação, você mesmo deve ler os textos de Hobbes e não simplesmente contar com um guia para dizer a você o que ele disse. Para começar sua interpretação de Hobbes, o presente guia deveria bastar a você. A segunda seção de cada capítulo contém numerosas passagens dos trabalhos de Hobbes que fornecem material suficiente para sua própria interpretação. Para melhores resultados, porém, eu recomendo que você obtenha os textos originais de

Hobbes, por meio da aquisição ou do empréstimo da biblioteca, e recorra a eles quando você desejar entender o contexto de uma passagem textual citada neste livro. Muitas das citações de Hobbes usadas neste livro são tomadas de um de seus três principais trabalhos políticos (*Elements of law*, *De cive* e *Leviathan*) ou de seu trabalho sobre filosofia natural (*De corpore*). Eu uso as seguintes abreviações:

Ci *De cive* (HOBBES, 1991a)
Co *De corpore* (HOBBES, 1841)
El *Elements of law* (HOBBES, 1969)
L *Leviathan* (HOBBES, 1985)

Todas as referências entre parênteses correspondem a capítulo e número de página, com exceção daquelas dos *Elements of law*, que correspondem a parte, capítulo e número de seção. Citações dos *Elements of law* são tomadas de uma versão esgotada, organizada por Ferdinand Toennies. Existe, no entanto, uma edição em brochura disponível e prontamente acessível (HOBBES, 1994d), de J.C.A. Gaskin. Quando me reporto aos *Elements of law*, eu uso parte, capítulo e números de seção, exemplo, *El* 1.1.2 se refere a *Elements of law*, parte I, capítulo 1, seção 2. A edição de Tonnies e a de Gaskin têm os mesmos números de capítulo na parte I. Porém, na parte II, a edição de Tonnies começa de novo no capítulo 1, enquanto a de Gaskin começa no capítulo 20, onde a parte I é omitida. Ainda que você utilize a edição de Gaskin, você será capaz de acompanhar. Tanto as edições do *Leviathan* como as do *De cive*, listadas acima, são encontradas facilmente em brochura. Infelizmente, o *De corpore* é um livro esgotado e raro. Se você quiser adquirir o *De corpore*, você terá que obtê-lo através de um empréstimo interbibliotecas. Um pequeno número de capítulos selecionados do *De corpore* está incluído como um apêndice aos *Elements of law* organizado por Gaskin. Nos casos onde eu refiro ou uso passagens de outros textos de Hobbes, ou outros textos em geral, eu os referenciei em notas de rodapé.

PREFÁCIO
Interpretação e investigação

Ocasionalmente, sou questionado por amigos e pela família sobre o que os filósofos realmente fazem quando não estão lecionando. Com base na minha experiência pessoal, parece existir uma percepção incorreta, muito comum, de que passamos o dia todo pensando sobre questões filosóficas tradicionais, tais como: Qual o propósito da vida? Existe um Deus? Nós temos uma alma? O que é a verdade? Por que deveríamos ser morais? Na realidade, professores de Filosofia dedicam muito do seu tempo a ler os trabalhos de filósofos do passado. Ler Filosofia, como você já deve saber, não é uma tarefa fácil. A natureza abstrata de seus conceitos, a indeterminação de suas questões e a linguagem aparentemente impenetrável de seus escritores frequentemente contribuem para tornar a leitura da Filosofia mentalmente desafiadora. Para complicar as coisas ainda mais, um texto filosófico é frequentemente sujeito a uma variedade de interpretações incompatíveis. Duas pessoas diferentes lendo o mesmo texto podem discordar sobre "o que ele significa". Uma das principais atividades dos filósofos contemporâneos é *interpretar* textos a fim de revelar e entender seu significado. Atualmente, estudiosos do mundo acadêmico da Filosofia costumam construir suas carreiras por meio da especialização em um filósofo ou período filosófico particular. Interessantemente, mesmo especialistas na mesma área discordarão sobre o que um texto filosófico particular significa. Em parte, este livro é um guia para a atividade filosófica de *interpretação*. Mais especificamente, ele visa a interpretar o pensamento de Thomas Hobbes, um inglês do século XVII, que é frequentemente considerado um dos mais importantes filósofos da história. Neste livro, você será desafiado a participar na atividade de interpretação e a decidir, por você mesmo, qual das muitas interpretações da filosofia de Hobbes é a mais razoável.

É claro, filósofos não seriam filósofos se eles não tomassem parte na atividade de *investigação* filosófica, i.e., vasculhar os próprios temas filosóficos e tentar descobrir a verdade, se existe algo assim. Lemos textos filosóficos do passado, não simplesmente para entender as ideias de importantes filósofos, mas também para "fazer filosofia". Em outras palavras, não queremos apenas ser informados sobre anteriores respostas a questões filosóficas, mas fazer nossa própria *investigação* desses temas. Necessitamos investigar a racionalidade de várias crenças filosóficas. Necessitamos questionar qual posição sobre um dado tema é a mais razoável. Mesmo que não existam respostas definitivas a algumas questões filosóficas, isso não significa que a tarefa é em vão. Em vez disso, deveríamos nos esforçar por encontrar as melhores respostas às questões filosóficas, ainda que não pudéssemos nos certificar de que as melhores sejam as corretas. Neste livro, você será encorajado não só a interpretar o pensamento de Hobbes, mas também a usar suas ideias como um ponto de partida para nossa investigação sobre questões filosóficas prementes.

Este livro está dividido tematicamente porque cada um dos capítulos seguintes, com exceção dos capítulos 1 e 7, foca um dos cinco principais ramos da filosofia de Hobbes. Devemos notar que os ramos da Filosofia, como tratados neste livro, são baseados na visão de hoje da Filosofia e de suas principais divisões. Para Hobbes, como veremos no próximo capítulo, existem apenas três ramos da Filosofia. No capítulo 1, forneço uma visão geral da filosofia de Hobbes e uma breve introdução às ferramentas de interpretação e investigação. Ds capítulo 2 ao 6, apresento um sumário das ideias filosóficas de Hobbes nas seguintes áreas da Filosofia: Epistemologia, Metafísica, Filosofia Moral, Filosofia Política e Filosofia da Religião. O capítulo 7 conclui revisitando alguns dos temas interpretativos levantados no livro e levantando uma questão interpretativa final. Se você não está familiarizado com qualquer um dos termos, eles serão definidos no começo do capítulo apropriado. Além de um sumário das ideias de Hobbes, cada capítulo também contém uma seção Interpretação e outra Investigação. Nas seções Interpretação, apresentarei usualmente duas interpretações conflitantes de Hobbes e então encorajarei você a formar sua própria visão baseada em uma leitura atenta de passagens específicas de seus textos. As seções Investigação dão o próximo passo para além da interpretação. Desafiando você a considerar posições filosóficas concorrentes, elas levantam a questão: Hobbes estava certo? Ficará para você determinar por você mesmo qual das posições concorrentes é filosoficamente a mais forte. Embora eu possa, em alguns casos, apresentar alguns pontos fortes e fracos de posições particulares, não irei impor nenhuma delas. É seu trabalho elaborar sua própria filosofia aplicando sua própria habilidade natural de raciocinar.

Parte do trabalho de fazer Filosofia, como eu o vejo, é encontrar sua própria saída para temas que levam à confusão e à perplexidade. Para ajudar você nisso, eu incluí alguns "problemas desconcertantes" ao longo do livro. Os problemas desconcertantes frequentemente pedirão a você para tomar o lugar de Hobbes e explicar as aparentes inconsistências ou problemas em seus textos. Assumir o papel de Hobbes ajudará você a entrar na prática da Filosofia.

1
Introdução a Hobbes e os fundamentos da interpretação e investigação

Imagine que você está em uma cidade no exterior sem mapa algum, guia de viagem ou outra fonte de informações. Em uma situação como essa, você pode decidir que o melhor modo de vir a conhecer a cidade é perambular pelas ruas, visitando um bairro por vez. Mas por onde você deveria começar? Em que direção você deveria caminhar? Se for uma cidade grande, com padrões complicados de ruas, pode levar muito tempo para você entender as relações espaciais das cercanias da cidade. Você pode perder alguns de seus importantes pontos de interesse. É claro, com o tempo, você pode vir a conhecer a cidade muito bem. Se no começo, no entanto, tivessem dado um mapa a você, com um *layout* da cidade e com os pontos de interesse marcados, você seria mais rapidamente capaz de tirar vantagem de sua estada. Ler um filósofo pela primeira vez é como entrar em uma nova cidade sem um mapa. Parece razoável iniciar pela leitura de um texto do filósofo, mas com qual você deveria começar? Qual texto você deveria ler depois? Para ajudar você a viajar no mundo de Hobbes, primeiro, fornecerei um mapa, ou visão geral de suas ideias filosóficas. Ao conhecer um pouco sobre sua vida, seu lugar na história da Filosofia, as principais ideias de seu sistema filosófico e a relevância de sua filosofia hoje, você achará mais fácil ler seus textos filosóficos e entrará em seu mundo filosófico. Na primeira seção deste capítulo, apresento uma visão geral da vida de Hobbes e de sua filosofia. Como veremos, Hobbes viveu durante um tempo de grande agitação política. Seu objetivo filosófico principal, ao menos em sua filosofia política, era fornecer uma solução ao problema da guerra civil. Hobbes não praticava apenas Filosofia Política, ele também perseguia seus interesses em tópicos de Ética, Religião e História, como a variedade de seus trabalhos atesta. Na segunda seção deste capítulo, introduzo algumas ferramentas que ajudarão você a interpretar Hobbes por você mesmo. Como você verá, existe uma variedade de abordagens para interpretar Filosofia: não existe um modo padrão de fazer isso. Na terceira seção, apresento algumas ideias básicas relativas à investigação filosófica. A maioria dos filósofos contemporâneos provavelmente concordaria que a investigação filosófica deveria ser guiada pela razão, e que as melhores respostas em filosofia são, no mais das vezes, racionais.

Sumário: A vida e a filosofia de Hobbes

A vida e os trabalhos de Thomas Hobbes

Hobbes nasceu prematuramente em 5 de abril de 1588 em um vilarejo chamado Westport, em Somerset. Ele jocosamente atribuía ao medo que sua mãe tinha da iminente invasão da Armada Espanhola sua chegada antecipada. Embora os fatos históricos não corroborem essa explicação (a Armada zarpou um mês depois de seu nascimento), pode haver alguma verdade nisso, uma vez que a mãe de Hobbes pode ter estado assustada simplesmente pelos rumores de uma invasão. O pai de Hobbes, Thomas pai, era um pastor da Igreja da Inglaterra, que era afeito à bebida e ao jogo. Quando Hobbes tinha 16 anos, seu pai abandonou a família, e nunca mais foi visto desde então. Em 1608, após terminar sua educação formal, Hobbes foi contratado pelo aristocrata William Cavendish para ser tutor de seu filho, também chamado William Cavendish. A conexão com esta família propiciou a Hobbes plenas oportunidades de encontrar importantes intelectuais por toda a Europa. Em duas ocasiões, por exemplo, Hobbes acompanhou um Cavendish em excursão pela Europa, nas quais estabeleceria relações com, dentre outros, o cientista Galileu, o matemático Marin Mersenne e o astrônomo Pierre Gassendi.

Hobbes não publicou trabalho filosófico ou científico algum até à maturidade. Em 1628, quando Hobbes estava com 40 anos, ele publicou o primeiro trabalho de sua carreira literária: uma tradução da *História das guerras do Peloponeso*, de Tucídides. Hobbes provavelmente começou a traduzir o trabalho de Tucídides na década de 1620, enquanto o conflito entre Charles I e o parlamento se agravava. Em 1626, Charles I solicitou fundos ao parlamento para prosseguir a guerra contra a Espanha e a França. O parlamento negou a solicitação de Charles e ele respondeu com um Empréstimo Compulsório (*Forced Loan*), pelo qual ele exigia que os próprios súditos emprestassem dinheiro a ele. A impopularidade dessa política aumentou as tensões políticas na Inglaterra. O Empréstimo Compulsório levou diretamente ao Caso dos Cinco Cavaleiros (*Five Knight's Case*), que por si só aumentou os problemas. O caso teve início com o encarceramento de cavaleiros que se recusavam a pagar o empréstimo. Os cavaleiros impetraram um processo de *Habeas Corpus* e exigiram que o rei revelasse a razão para seu encarceramento. O advogado do rei afirmou que os cavaleiros haviam sido encarcerados *per speciale mandatum domini regis* (pelo comando especial do rei). Esse caso suscitou importantes questões políticas sobre os limites do direito de governar do rei. As ações do rei são limitadas pela lei? Se são, o rei tem o direito de agir fora da lei quando as circunstâncias o requeiram? Respostas a tais questões expuseram sérias diferenças ideológicas entre o rei e o parlamento. Dado esse contexto histórico, é provável que Hobbes considerasse a publicação de sua tradução um ato político. Em sua autobiografia, Hobbes afirmou que a *História*, de Tucídides, ensina a importante lição de que a democracia é "inadequada" e que a sabedoria de uma pessoa é muito maior do que a sabedoria de muitos. Ao longo das próximas duas décadas, Hobbes desenvolveu sua própria filosofia política, que foi apresentada em três versões: os *Elements of law* (1640), *De cive* (1641) e *Leviathan* (1651). Embora existam importantes diferenças entre esses trabalhos, o argumento básico permanece o mesmo: Hobbes argumenta a favor da superioridade de uma forma absolutista de governo. Em sua visão, a paz requer um poder soberano forte que tem a palavra final sobre todas as questões políticas, éticas e religiosas. Questionar a autoridade do rei, na opinião de Hobbes, fundamentalmente conduz à divisão do Estado (*commonwealth*) e, consequentemente, à guerra civil. Desse modo, é melhor viver com as "inconveniências" de um líder poderoso do que estar em estado de guerra.

Logo depois da publicação dos *Elements of law*, antigos apoiadores do rei foram executados pelo parlamento. Hobbes, temendo por sua própria vida, decidiu fugir para a França, onde ficaria por mais de uma década. Durante esse período de sua vida, Hobbes se aventurou em outras áreas da Filosofia. Ele escreveu numerosos trabalhos polêmicos, que atacavam muitas ideias filosóficas de seus contemporâneos. Em 1641, por exemplo, Hobbes publicou objeções às *Meditações de Filosofia Primeira*, de Descartes. Descartes, contemporâneo de Hobbes, sustentava que a realidade era composta de dois tipos de substâncias: espirituais e materiais. Em resposta, Hobbes afirmou que a realidade consistia somente de corpos materiais. Um ano depois, Hobbes escreveu uma crítica ao *De mundo*, de Thomas White, que incluía muitas ideias filosóficas e científicas que eventualmente apareceriam em seu tratado de ciência natural. Logo depois disso, Hobbes redigiu uma série de cartas em resposta ao Bispo Bramhall, um teólogo católico que criticava a visão de Hobbes acerca da vontade humana.

Hobbes retornou à Inglaterra em 1651, ano no qual o *Leviathan* foi publicado. No *Leviathan*, que é considerado sua obra-prima, Hobbes não só expande os argumentos políticos encontrados nos *Elements of law* e no *De cive*, mas também oferece um argumento teológico mais desenvolvido. Como nos trabalhos iniciais, Hobbes argumenta, nas duas primeiras partes do *Leviathan*, a favor da necessidade de um soberano absoluto. Os argumentos políticos do *Leviathan* contam com o poder da razão natural para atingir suas conclusões. Nas partes III e IV, no entanto, Hobbes usa interpretação bíblica ampliada para apoiar seus argumentos filosóficos. Embora Hobbes tenha feito algo similar em outros trabalhos políticos, o argumento teológico do *Leviathan* é mais acabado, potente e retórico em seu uso da exegese bíblica.

Após a publicação do *Leviathan*, Hobbes focou-se no estudo da Matemática e da ciência natural. Em 1655, Hobbes publicou *De corpore*, que desenvolve suas concepções sobre Metodologia Filosófica, Geometria e Física. Durante esse período de sua vida, muitos matemáticos e cientistas eminentes ridicularizaram as ideias científicas de Hobbes, especialmente suas ideias sobre Geometria. Hobbes se defendia escrevendo alguns trabalhos nessas áreas. Durante esse período tardio de sua vida, Hobbes não somente continuou seu trabalho em Filosofia Natural, como também revisitou temas políticos, dessa vez através de uma perspectiva histórica. Em 1668, Hobbes completou *Behemoth: or the long parliament* (Behemoth: ou o longo parlamento), que contém seu relato da Guerra Civil Inglesa. Nesse trabalho, Hobbes menciona que os conflitos políticos no curso de sua vida foram basicamente o resultado de opiniões incitadoras de "sedutores e demagogos" tentando usurpar o poder do rei. Em *A dialogue between a philosopher and a student of the common laws of England* (Um diálogo entre um filósofo e um estudante de Direito da Inglaterra), Hobbes argumenta contra a visão do advogado Edward Coke, para o qual a lei está acima do rei. Consistente com as opiniões expressadas em seus trabalhos políticos, Hobbes, uma vez mais, argumenta que ao rei deveria ser permitido agir fora do escopo da lei para o benefício do Estado. Em seus anos finais, Hobbes terminou onde havia começado, por assim dizer, retornando à tradução. Seus últimos trabalhos foram traduções da *Ilíada* e da *Odisseia*, de Homero. Após ficar seriamente doente em 1679, Hobbes sofreu um derrame no fim de novembro, e morreu uma semana depois.

Os ramos da Filosofia de Hobbes

No *De cive*, Hobbes divide a Filosofia em três ramos, cada um deles estuda um diferente tipo de "corpo": natural, humano e político (*Ci* Prefácio 102-103). A *Filosofia Natural*, diz Hobbes, estuda as propriedades fundamentais dos corpos no mundo natural. Esse ramo da Filosofia inclui a Física, que investiga, por exemplo, os movimentos de estrelas e planetas, os efeitos da gravidade ou o crescimento de plantas e árvores.

Nos tempos de Hobbes, cientistas como Galileu foram chamados de "filósofos naturais", porque estudavam o mundo natural. Uma vez que a Filosofia Natural usa tanto a Matemática como a Geometria, ela igualmente inclui essas ciências. A filosofia natural de Hobbes é guiada pela crença fundamental no *materialismo mecanicista*, que, como o nome sugere, afirma que o universo é como uma *máquina* (i.e. um mecanismo) e é composto somente por corpos *materiais*. Conforme Hobbes, não existem espíritos ou almas, se esses se referem a entidades incorpóreas (não físicas). Em vez disso, o universo é constituído somente por corpos que operam de acordo com estritas leis científicas de causa e efeito. Cada evento, em outras palavras, é causado por outro evento temporalmente anterior. O objetivo da Filosofia Natural é entender as causas dos movimentos físicos reduzindo todos os eventos e coisas aos seus movimentos fundamentais. Se quisermos entender como um relógio funciona, por exemplo, nós devemos desmontá-lo e ver como as partes interagem.

O segundo ramo da Filosofia de Hobbes é a *Filosofia Moral*, que estuda especificamente os corpos humanos. É claro que seres humanos são corpos físicos no mundo. Se uma pessoa cai de uma árvore, por exemplo, ela será puxada para o chão pela força da gravidade, do mesmo modo que qualquer outro corpo natural. Em outras palavras, seres humanos podem ser tema tanto da Filosofia Natural como da Filosofia Moral. Infelizmente, Hobbes não traça claramente a linha entre Filosofia Natural e Filosofia Moral quando se trata de entender corpos humanos. Essa falta de clareza é revelada no *Leviathan*, por exemplo, quando Hobbes divide a Filosofia em somente dois ramos: Filosofia Natural e Filosofia Política. Nesse caso, a "Ética" (que é outro termo para Filosofia Moral) é uma subdivisão da Filosofia Natural (*L* 9.149). Porém, como vimos no *De cive*, Hobbes afirma que existem três ramos da Filosofia. Essa confusão é indicativa de um problema interpretativo mais amplo, que será discutido no capítulo de conclusão deste livro. Por agora, no entanto, devemos reconhecer que corpos humanos podem ser estudados de diferentes perspectivas, seja olhando-os simplesmente como objetos naturais ou como seres com emoções, sentimentos e outras qualidades psicológicas. A Filosofia Moral, para Hobbes, não se ocupa dos seres humanos como se fossem corpos inertes; em vez disso, ela estuda aspectos de nossa natureza tais como nossas ações, emoções e estados da mente. Todavia, de acordo com sua visão de natureza, a descrição de Hobbes dessas propriedades ou eventos humanos é *mecanicista*. Em outras palavras, somos similares a máquinas, mas máquinas com estados mentais e emoções. Para Hobbes, os objetos e eventos físicos no mundo natural iniciam uma série de "movimentos" internos que no fim causam não somente nossos pensamentos, mas também nosso comportamento. Assim, por exemplo, se um cachorro latindo se aproxima de mim, eu ficarei com medo, o que me levará a me proteger de alguma maneira. O cachorro, em outras palavras, causou medo em minha mente, que, por sua vez, causou minha tomada de ação. A maioria das ações humanas - se não todas, diz Hobbes - é motivada pelo desejo de atingir o "bem". Para Hobbes, os desejos individuais de cada pessoa, no fim das contas, determinam o que é bom ou mau. Por exemplo, se eu desejo um pedaço de torta, a torta é "boa" para mim. Se outra pessoa deseja evitar comer torta, então a torta é "má". O que é bom ou mau é relativo a cada indivíduo; não existe padrão de bondade ou de maldade que se aplique a todos os indivíduos. Em outros termos, Hobbes se vincula ao que é chamado de uma *noção subjetiva de bem*.

O terceiro ramo da Filosofia de Hobbes, a *Filosofia Política*, lida com os corpos políticos. Nesse ramo da Filosofia, Hobbes considera, dentre outras coisas, a origem, manutenção e justificação das instituições políticas. O objetivo fundamental de Hobbes em sua filosofia política é estabelecer uma "ciência da política". De acordo com Hobbes, os sérios problemas políticos de seu tempo resultavam dos desacordos sobre quem tem a autoridade final nos assuntos políticos e religiosos. Se um método para provar verdades políticas pudesse ser encontrado, tais desacordos, acreditava Hobbes, poderiam ser prevenidos e a paz, firmemente garantida. Hobbes encontrou um modelo metodológico para sua ciência política na Geometria. Na ciência da Geometria, os praticantes provam suas conclusões na base da autoevidência ou de princípios comumente aceitos. Hobbes, imitando o método da Geometria, procura fundar seu argumento político sobre a "verdade óbvia" do comportamento humano (i.e., de que os seres humanos são basicamente motivados a obter seu próprio bem). Se essa verdade for reconhecida, pensava Hobbes, poder-se-ia se formular conclusões das quais nenhuma pessoa racional poderia discordar. A principal conclusão da filosofia política de Hobbes é que a paz no Estado exige um *poder soberano absoluto* que tenha a palavra final em temas políticos e religiosos. No processo de formar seu argumento político, Hobbes emprega o conceito de "estado de natureza", que é um estado hipotético sem nenhuma lei, coação legal ou outros aspectos da sociedade organizada. Em tal estado, argumenta Hobbes, os seres humanos estariam constantemente em guerra uns contra os outros porque os indivíduos buscariam seu próprio bem e não reconheceriam quaisquer padrões universais de comportamento. Um soberano absoluto evitaria o conflito criando leis e um sistema para impor essas leis. Se as pessoas começarem a desobedecer ao soberano, elas, no fim, retornarão ao estado de natureza, que a ninguém beneficia.

Matéria em movimento

Os vários ramos da Filosofia, conforme Hobbes, são todos ciências do movimento. De acordo com seu materialismo mecanicista, a realidade é fundamentalmente constituída de "matéria em movimento". Se você quiser entender um dado evento ou coisa, você deve entender os "movimentos" que o trouxeram à existência. Hobbes acredita, por exemplo, que a Geometria é uma ciência do movimento porque ela está ocupada com a construção de figuras através do movimento dos pontos: "uma linha é feita pelo movimento de um ponto; as superfícies, pelo movimento de uma linha; e um movimento, por outro movimento" (*Co* 6.70). As figuras geométricas, em outras palavras, são construídas pelo movimento de um ponto através do espaço. A Física também é uma ciência do movimento porque é uma "investigação de tais efeitos enquanto produzidos pelo movimento das partes de um corpo qualquer" (*Co* 6.72). A Filosofia Moral, diz Hobbes, estuda os "movimentos da mente, a saber: apetite, aversão, amor, benevolência, esperança, medo, raiva, emulação, inveja etc.; quais as suas causas e do que eles são causas" (*Co* 6.72). Devido ao fato de que tais emoções são fundamentalmente redutíveis a movimentos físicos no corpo humano, faz sentido que a Filosofia Moral seja uma ciência do movimento. Através do conhecimento dos movimentos da mente, descobrimos os movimentos pelos quais o Estado é criado. Os "princípios da política", diz Hobbes, "consistem no conhecimento dos movimentos da mente" (*Co* 6.74).

Hobbes e a história da Filosofia

Hobbes praticou Filosofia no que agora é chamado o *período moderno* da Filosofia. Em muitos manuais de Filosofia, o contemporâneo de Hobbes, René Descartes, é em geral referido como o "pai da Filosofia moderna". Se Hobbes estivesse vivo hoje, ele provavelmente tentaria reivindicar esse título para si. Em todo caso, filósofos modernos estavam desafiando as ideias do *período medieval* da Filosofia. Embora existam numerosas diferenças entre esses dois períodos, uma das mais importantes é o contraste entre seus respectivos objetivos filosóficos. Durante a Idade Média, filósofos cristãos (ou, talvez mais apropriadamente, teólogos) queriam aprofundar seu entendimento de Deus e da fé cristã. Para fazer isso, os filósofos medievais empregaram a razão para interpretar e dar sentido a certos textos, especialmente a Bíblia e os trabalhos filosóficos de Aristóteles. É interessante que Aristóteles, que viveu antes do tempo de Jesus, no *período antigo* da Filosofia, foi reconhecido como "o filósofo" – aquele filósofo clássico que expôs a verdade sobre a natureza, a vida humana e a realidade última. Ao aceitar a autoridade de ambos, da Bíblia e de Aristóteles, os filósofos medievais tentaram sintetizar suas crenças cristãs com as ideias filosóficas desse filósofo grego antigo. É frequentemente afirmado que a Filosofia era simplesmente a "serva da Teologia" no período medieval. Em contraste, filósofos modernos, tais como Descartes e Hobbes, acreditavam que a razão humana é suficiente para adquirir conhecimento filosófico; em outras palavras, não necessitamos depender da autoridade de outros para encontrar a verdade. Quando você ler os textos originais de Hobbes, você verá que ele critica muito as "escolas", referindo-se à educação escolástica, que se apoiava nos textos autorizados. Os filósofos modernos também enfatizavam a importância do método filosófico de aquisição da verdade. Com um método correto à disposição, acreditavam os filósofos modernos, qualquer pessoa racional poderia descobrir a verdade por si mesma.

A relevância contemporânea de Hobbes

Por que Hobbes é filosoficamente relevante hoje? Em minha opinião, existem três importantes razões pelas quais você deveria estudar a filosofia de Hobbes. Primeiro, Hobbes se situa em uma longa tradição de filósofos que tentaram responder, de um modo sistemático, às questões mais desconcertantes sobre a vida humana. Ainda que todas ou a maioria das respostas filosóficas de Hobbes fossem inadequadas, o processo de examinar e avaliar seus argumentos é um processo produtivo para nossas próprias investigações filosóficas. Que problemas Hobbes achava importantes? Como ele defendeu suas posições filosóficas? Quais eram seus objetivos para a Filosofia? Onde ele errou? Em quais aspectos ele estava certo? Responder a tais questões é um bom modo de começar nossa própria investigação filosófica. Segundo, Hobbes levanta uma questão filosófica importante, que ainda exige uma resposta hoje: Qual é a melhor forma de governo em Estados onde indivíduos têm visões religiosas, morais e políticas divergentes? Embora Hobbes estivesse inicialmente interessado em encontrar um modo de evitar a guerra civil, a guerra internacional é uma constante em nosso mundo. Mesmo que não estivéssemos convencidos pela solução política de Hobbes, a questão de como evitar a guerra e o conflito é uma importante questão a ser feita. Terceiro, a visão de natureza humana de Hobbes, i.e., a de que seres humanos são basicamente egoístas, é uma ideia dominante no mundo de hoje, que influencia nossas ações. Quando eu pergunto aos meus alunos o que seria do mundo se o governo fosse dissolvido, se a força policial fosse dispensada e se todas as estruturas da sociedade fossem desmanteladas, eles frequentemente dão uma resposta hobbesiana, i.e., a de que haveria um estado de anarquia. Parece-me que muitas pessoas (especialmente meus alunos) implicitamente aceitam a visão de Hobbes de que os seres humanos são basicamente egoístas e necessitam ser forçados a obedecer à lei. Ao ler Hobbes, traremos à luz essa aceitação implícita da sua visão e a avaliaremos criticamente.

Interpretação: Os fundamentos da interpretação filosófica

Muitos filósofos dos dias de hoje dispensam um bom tempo na *interpretação* de textos filosóficos *fundamentais*. Um texto filosófico fundamental é um trabalho original de um filósofo particular, que apresenta suas próprias ideias. Um texto auxiliar, por outro lado, é aquele que explora, clarifica, sumariza ou elabora as ideias de um texto fundamental. Assim, por exemplo, o *Leviathan* de Hobbes é um texto fundamental; o livro que você está lendo neste momento é um texto auxiliar. Textos fundamentais - como pinturas, poemas ou canções - podem geralmente ser interpretados de vários modos. Dois indivíduos diferentes lendo uma passagem do *Leviathan* de Hobbes, por exemplo, podem discordar sobre seu "significado". Este livro pretende, em parte, ser um guia para ajudar você a *interpretar* por você mesmo os textos fundamentais de Hobbes. Na seção *Interpretação* de cada capítulo restante, examinamos passagens específicas dos textos de Hobbes que possam ser interpretadas de diferentes modos. Após um atento estudo dessas passagens, você será encorajado a decidir por você mesmo que interpretação, se existe alguma, é a melhor. Antes de chegarmos a esse ponto, porém, alguns comentários introdutórios sobre interpretação devem ser apresentados.

A interpretação e seus objetivos

Qual é o principal objetivo de interpretar um texto filosófico fundamental? Como você deve imaginar, os próprios filósofos respondem diferentemente a essa questão. Alguns filósofos, por exemplo, afirmam que o objetivo da interpretação é entender e revelar o "significado" do texto, que é identificado com os pensamentos pretendidos do autor. Ao escrever o *Leviathan*, por exemplo, Hobbes obviamente pretendia expressar suas próprias ideias acerca de certos tópicos. Alguém poderia razoavelmente argumentar, desse modo, que o trabalho de interpretar o *Leviathan* é identificar corretamente e tornar conhecidas as ideias de Hobbes. No entanto, alguém poderia plausivelmente argumentar também que um texto, uma vez que foi escrito e confiado ao papel, tem um significado filosófico próprio. Nesse caso, não se deveria perguntar o que Hobbes pretendeu dizer, mas o que o próprio texto diz. Aqui, um intérprete estaria provavelmente mais interessado em examinar os argumentos do texto para ver se eles são bons argumentos. Além disso, um intérprete pode desejar desenvolver e aprimorar os próprios argumentos, sem levar em consideração o que Hobbes teria pretendido. O contraste entre esses diferentes objetivos pode parecer um pouco estranho à primeira vista, mas quando você considera outras formas de expressão humana, especialmente aquelas no domínio da arte, começa a fazer mais sentido. O "significado" de sua música favorita, por exemplo, é o mesmo que o compositor pretendeu expressar? Ou você encontra seu próprio significado na música? Certamente, os objetivos dos artistas não deveriam ser simplesmente identificados com aqueles dos filósofos; apesar disso, filósofos e artistas poderiam ser vistos como produtores de trabalhos que têm sua própria vida e significado. Embora as pessoas possam discordar sobre se o significado de um texto repousa sobre as intenções do autor ou no próprio texto, eu gostaria de enfatizar que os dois objetivos da interpretação recém-firmados não são mutuamente exclusivos. Um intérprete de Hobbes, por exemplo, pode desejar descobrir tanto o que Hobbes pretendia como o que o próprio texto diz. Em minha opinião, as duas tarefas seriam incluídas em uma descrição de trabalho filosófico.

Lidando com inconsistências

Uma das principais tarefas para os intérpretes filosóficos, incluindo intérpretes de Hobbes, é resolver inconsistências nos textos fundamentais. Filósofos, especialmente aqueles que têm uma longa carreira literária, podem fazer afirmações que são inconsistentes, ou aparentemente inconsistentes, com outras afirmações que fizeram. Como um exemplo, vamos considerar as seguintes afirmações de Hobbes:

> (A) "Porque cada homem é desejoso daquilo que é bom para ele e se esquiva do que é mau, mas, sobretudo, do mais importante dos males naturais, que é a morte" (*Ci* 1.115).
>
> (B) Um "filho preferiria morrer a viver infamado e odiado por todo mundo" (*Ci* 6.183).

Em (A), Hobbes aparentemente afirma que *toda* pessoa naturalmente deseja evitar a morte. Em (B), porém, Hobbes sugere que uma pessoa pode de fato desejar a morte. Existe inconsistência aqui? Se você acredita que não haja inconsistência, então você necessita explicar como as afirmações *aparentemente* inconsistentes são consistentes. Por outro lado, se você acredita que as afirmações não são consistentes, então você deveria tentar resolver a inconsistência oferecendo uma explicação razoável para ela. Existe uma variedade de modos de lidar com afirmações inconsistentes de um filósofo.

1) *A abordagem da inconsistência aparente*: intérpretes podem explicar inconsistências aparentes mostrando que a inconsistência dada é precisamente isso, i.e., *aparente*. Alguém poderia examinar cuidadosamente os termos das afirmações aparentemente inconsistentes e mostrar que não existe realmente inconsistência. Assim, por exemplo, em (A), Hobbes não diz explicitamente que todas as pessoas sempre tentam evitar a morte; ele somente diz que as pessoas não desejam a morte. Em acréscimo, Hobbes não afirma em (B) que um filho deseja a morte; antes, que um filho escolheria a morte em detrimento de outra opção. Escolher, porém, não é o mesmo que desejar. Assim, as duas afirmações não são inconsistentes. Todavia, deixo para você decidir se essa resolução resiste a exame posterior.

2) *A abordagem do descuido*: intérpretes poderiam explicar as inconsistências apelando para o descuido do filósofo. Colocado de modo simples, filósofos cometem erros não intencionais quando escrevem; ao serem alertados desses erros, eles provavelmente ajustariam as afirmações para torná-las consistentes. É claro que os intérpretes não podem apontar inconsistências para o morto, então eles devem imaginar como o filósofo poderia ter respondido a certas inconsistências. Usualmente, intérpretes usam outras afirmações do filósofo para determinar a posição real do autor sobre o tema. Assim, por exemplo, intérpretes poderiam afirmar que Hobbes foi descuidado quando disse que "todo homem" tenta evitar a morte. Ele provavelmente quis dizer "quase todo homem". Esse parece ser um modo adequado de resolver a inconsistência?

3) *A abordagem da maturação do pensamento*: filósofos, como qualquer um, são seres humanos cujas opiniões mudam com o passar do tempo. Ao tentar resolver afirmações inconsistentes feitas pelo mesmo filósofo, um intérprete deveria considerar quando as passagens foram escritas. Se as afirmações foram escritas há 20 anos atrás, então talvez o filósofo tenha mudado de opinião. Em nosso exemplo, porém, essa não é provavelmente uma explicação razoável, uma vez que duas afirmações são retiradas do mesmo trabalho. Todavia, quando você encontrar outros tipos de inconsistências espalhadas ao longo de vários trabalhos de Hobbes, talvez essa apareça como uma abordagem razoável a adotar.

4) *A abordagem esotérica*: alguns intérpretes acreditam que inconsistências revelam um significado "oculto" que poderia não ser explicitamente declarado. Com medo de expressar certas ideias por causa de situações políticas ou sociais perigosas, filósofos podem tentar passar sua mensagem veladamente. Nesse caso, a intenção real não é explicitamente expressa, mas repousa sob a superfície. Inconsistências em textos podem, portanto, surgir quando um filósofo está explicitamente declarando uma coisa, mas implicando o oposto. Como veremos no capítulo 6, al-

guém poderia afirmar que Hobbes era um ateu, a despeito de suas afirmações explícitas do contrário. De um lado, Hobbes explicitamente se declara cristão. De outro, muitas de suas afirmações aparentemente minam a crença religiosa. É difícil ver como a inconsistência encontrada em (A) e (B) possa ser resolvida por essa abordagem. Apesar disso, quando examinamos outras inconsistências no pensamento de Hobbes, o poder das forças políticas e sociais não deveria ser completamente desconsiderado, uma vez que existem casos em que autores de textos científicos e filosóficos foram obviamente influenciados por medo de punição. No tempo de Hobbes, Galileu, temendo represálias da Inquisição, usou um personagem ficcional em um de seus trabalhos para defender veladamente a teoria de um universo heliocêntrico. No fim, o plano não funcionou, já que ele foi considerado culpado de heresia e colocado em prisão domiciliar.

5) *A abordagem da inconsistência genuína*: intérpretes, quando incapazes de resolver uma inconsistência em qualquer dos modos acima, podem simplesmente desistir. Nesse caso, não se resolve realmente a inconsistência nem mesmo se reconhece que a "real" posição do filósofo não é alcançável. Assim, por exemplo, intérpretes podem afirmar que não existe um modo de resolver satisfatoriamente (A) e (B). O que você pensa sobre essa abordagem?

Enquanto você lê Hobbes, então, você deve decidir por você mesmo que tipo de abordagem interpretativa, se existe alguma, você prefere. Não é necessário para você escolher apenas uma. Em vez disso, você pode adaptar sua abordagem para se adequar à situação específica. No entanto, ler e interpretar textos filosóficos *exige* que você tome tais decisões.

Investigação: Os fundamentos da investigação filosófica

Ao passo que os filósofos da atualidade geralmente adotam o papel de intérpretes, eles também procuram propor suas próprias respostas às questões filosóficas: Existe um Deus? Qual é a natureza da justiça? Os seres humanos têm livre-arbítrio? A mente é separada do corpo? A alma existe? Que é identidade pessoal? Embora possa ser difícil, ou mesmo impossível, responder a tais questões em definitivo, não devemos ser dissuadidos de tentar encontrar as respostas mais razoáveis a elas. Podemos nunca provar, por exemplo, se Deus existe ou não. Apesar disso, não deveríamos procurar a resposta *mais razoável*? Parte do objetivo da investigação filosófica, portanto, é encontrar as respostas mais razoáveis às questões significativas da vida. Na seção *Investigação* de cada capítulo restante, você será encorajado a participar na atividade de investigação filosófica. Usaremos as posições filosóficas de Hobbes como nosso ponto de partida para essa atividade; em lugar de tentar determinar o que Hobbes disse, tentaremos determinar se ele estava certo. Para fazer isso, posições alternativas sobre um dado tópico serão apresentadas. Será então trabalho seu decidir qual posição, se existe alguma, é filosoficamente mais forte. Antes de fazermos isso, porém, devem ser apresentados comentários introdutórios sobre a atividade de investigação filosófica.

Clareza conceitual

Quando alguém tenta responder a uma questão filosófica específica, é geralmente necessário definir seus termos e clarificar os conceitos envolvidos. Isso é requerido porque a investigação filosófica geralmente lida com conceitos altamente abstratos, tais como Deus, livre-arbítrio, alma ou justiça. Se quisermos questionar se Deus existe, então, é razoável para nós primeiro definir "Deus". "Deus" se refere a um ser pessoal que se importa com os seres humanos? Ou "Deus" se refere a uma força impessoal que guia o cosmos sem qualquer preocupação com a vida humana? "Deus" se refere a um ente masculino, feminino ou a um ente sem gênero? Como outro exemplo, vamos assumir que queremos argumentar que o capitalismo é um sistema econômico injusto. Para que nosso argumento seja bem-sucedido, devemos clarificar o conceito de injustiça. Que significa dizer que alguma coisa é injusta? Uma vez respondida esta questão, podemos então proceder ao apoio de nossa conclusão de que o capitalismo é injusto. Como você verá, clarificar conceitos e definir os termos em questão é uma importante parte da investigação filosófica.

Argumentação filosófica

Espera-se que os filósofos não somente forneçam respostas a questões filosóficas, mas também defendam suas respostas por meio de argumentação. Um filósofo que acredita que a pena de morte é moralmente aceitável, por exemplo, deve fornecer um *argumento* que tente estabelecer a razoabilidade ou superioridade dessa posição. Em Filosofia, um argumento é uma afirmação ou série de afirmações (referidas como "premissas") que objetiva apoiar outra afirmação (referida como "conclusão"). Por exemplo, alguém poderia formular o seguinte argumento em favor da pena de morte:

> *Premissa 1*: A pena de morte salva vidas porque dissuade assassinos potenciais de assassinar pessoas.
>
> *Premissa 2*: Se a pena de morte salva vidas, então é moralmente aceitável.
>
> *Conclusão*: A pena de morte é moralmente aceitável.

O objetivo é que as premissas trabalhem juntas para fornecer suporte racional para a conclusão de que a pena de morte é moralmente aceitável. O propósito do argumento, em outras palavras, é mostrar que a conclusão é verdadeira e que qualquer pessoa racional deveria aceitá-la.

Uma parte importante da investigação filosófica é a *avaliação* dos argumentos. Embora o autor do argumento da pena de morte, acima, pretenda que esse seja um bom argumento, devemos avaliá-lo e determinar se é ou não genuinamente bom. Para avaliar propriamente um argumento, devemos fazer duas perguntas: (1) As premissas sustentam de fato a conclusão? (2) As premissas são verdadeiras? Para averiguar se as premissas sustentam a conclusão, *assuma* que as premissas são verdadeiras e então pergunte se a conclusão *segue* das premissas. Quando você faz isso, você está simplesmente checando a *lógica* do argumento. Assim, por exemplo, com relação ao argumento da pena de morte, *se* as *primeiras* duas premissas *forem* verdadeiras, então a conclusão parece seguir delas. Logicamente, então, o argumento da pena de morte parece funcionar. Isso, no entanto, não é suficiente para dizermos que esse é um *bom* argumento. Um bom argumento deve também ter premissas verdadeiras. Para ver isso, considere o seguinte argumento:

> *Premissa 1*: Todos os políticos dos EUA são extraterrestres.
>
> *Premissa 2*: Papai Noel é um político dos EUA.
>
> *Conclusão*: Papai Noel é um extraterrestre.

Embora as premissas sustentem logicamente a conclusão, isso não significa que você deveria aceitar a conclusão de que Papai Noel é um extraterrestre. A conclusão de um argumento deveria ser aceita como verdadeira somente se ela encontra ambos os critérios, a saber, que as premissas a sustentam e são verdadeiras. Devemos notar que a maioria dos filósofos não expõe seus argumentos de um modo claro, com premissas e conclusões claramente marcadas. Em vez disso, filósofos tendem a: detalhar as premissas, discutir ideias relacionadas, elaborar argumentos menores que desempenham um papel em um argumento maior, fornecer evidência e/ou mudar de assunto. Mesmo quando um argumento está confinado dentro de uma curta porção de espaço textual, é às vezes difícil identificar os passos do argumento.

Como decidir se as premissas de um argumento filosófico são verdadeiras? A resposta a essa questão depende do tipo de afirmação feita em uma premissa determinada. As premissas de um argumento filosófico ocorrem em uma variedade de formas. Primeiro, algumas premissas são afirmações empíricas, que podem ser diretamente confirmadas ou negadas recorrendo-se aos fatos do tema em questão. Assim, por exemplo, o número de prisioneiros condenados por assassinato nas cortes do Estado de Nova York em 2005 é um fato prontamente disponível. Segundo, algumas premissas são inferências derivadas de fatos estabelecidos. Por exemplo, "homens têm mais poder político que as mulheres" pode ser inferido do fato de que os homens possuem mais cargos políticos do que mulheres. Terceiro, a premissa pode conter um princípio fundamental que não pode ser confirmado ou negado por recurso aos fatos. "Todo ser humano tem o direito à vida" ou "uma prática que salva vidas é moralmente aceitável" são exemplos de tais princípios fundamentais. Com essas distinções no lugar, você está em uma posição melhor para determinar se as premissas de um argumento são verdadeiras.

Vamos retornar ao argumento da pena de morte, mencionado acima. A primeira premissa afirma que a pena de morte salva vidas porque ela dissuade assassinos potenciais de assassinarem pessoas. Para decidirmos se ela é verdadeira, devemos reconhecer que ela não é uma afirmação de um fato empírico. Não podemos simplesmente perguntar a um "assassino potencial" se a pena de morte o dissuadiu de cometer um assassinato. Antes, devemos tentar confirmá-la ou refutá-la inferindo a partir dos fatos. Por exemplo, vamos supor a possibilidade de que menos assassinatos ocorram em Estados *sem* a pena de morte. Se isso é verdadeiro, então podemos plausivelmente inferir que a pena de morte não dissuade assassinos potenciais, uma vez que mais assassinatos ocorrem mesmo com a pena de morte em vigor. Com certeza, devemos usar a razão para determinar se tal inferência é genuinamente razoável. Por exemplo, podemos questionar se as similaridades entre os dois Estados são relevantes para esse tema. Os dois Estados são demograficamente similares? O Estado onde ocorrem mais comumente os assassinatos tem mais cidades do que o outro Estado? Existem outras considerações que influenciariam esse tema? Tais questões necessitam ser tratadas antes que possamos julgar a verdade ou falsidade da primeira premissa. A segunda premissa do argumento da pena de morte diz que a pena de morte é uma prática moralmente justificada se ela salva vidas. Para decidir se isso é verdade, não podemos recorrer a um fato empírico nem extrair uma inferência dessas a partir de um fato empírico. O que é ou não "moral" é determinado por uma investigação filosófica, não por uma investigação empírica. Salvar vidas torna a pena de morte moral? Ou a santidade da vida humana torna a pena de morte imoral, independentemente de qualquer coisa? Esses tipos de questões você deve, enfim, responder por você mesmo. No entanto, alguns filósofos, incluindo Hobbes, já tentaram fornecer algumas respostas razoáveis. Um bom modo de começar sua própria investigação filosófica, portanto, é ler trabalhos de filósofos.

Conclusão

Esse sumário de Hobbes foi produzido como um mapa para seu pensamento filosófico. É minha esperança que, começando com uma visão geral de sua filosofia, você estará melhor capacitado para entender detalhes específicos quando encontrá-los. Neste capítulo, vimos que Hobbes viveu uma longa vida dedicada à busca do conhecimento filosófico. Para Hobbes, a Filosofia procura entender uma variedade de corpos: o natural, o humano e o político. Como tal, para Hobbes, existem três ramos da Filosofia: a Filosofia Natural, a Filosofia Moral e a Filosofia Política. Em sua filosofia natural, Hobbes propõe o materialismo mecanicista, o qual vê o universo como composto de corpos materiais sujeitos às leis científicas necessárias da causa e do efeito. A filosofia moral de Hobbes inclui uma explicação mecanicista da natureza humana (que declara que seres humanos são máquinas naturais sujeitas a leis necessárias) e uma noção subjetiva de bem (de acordo com a qual o "bem" é determinado pelos desejos de cada indivíduo). Em sua filosofia política, Hobbes propõe uma posição conhecida como absolutismo político (de acordo com a qual o único, ou o melhor caminho para a paz é estabelecer uma autoridade final com um poder irrevogável). Na segunda seção deste capítulo, você foi introduzido ao tópico da interpretação filosófica. Tal como vimos, existem diferentes modos de abordar um texto filosófico e você deve determinar por você mesmo a abordagem que é mais adequada para você. A terceira seção deste capítulo apresentou algumas das ideias básicas por trás da investigação filosófica. A Filosofia está fundada na razão e na argumentação racional. Portanto, quando você tentar responder questões filosóficas, você deve tentar usar sua capacidade natural da razão para avaliar tanto a lógica dos argumentos filosóficos como a verdade de suas premissas.

2
A epistemologia de Hobbes

A Epistemologia é o ramo da Filosofia que levanta questões sobre o conhecimento humano: Qual é a fonte do conhecimento humano? Qual é a natureza da verdade? Qual é o método adequado, se existe algum, para adquirir conhecimento? Quais são os limites da razão humana? Hobbes dispensa uma grande quantidade de energia em buscas epistemológicas, muito provavelmente porque ele reconhece o valor prático do conhecimento humano. De acordo com Hobbes, a aplicação de um método filosófico apropriado leva à descoberta da "verdade universal". Com certeza, se a verdade pudesse ser atingida no âmbito moral e político, onde desacordos geralmente levam a conflito real, não há dúvida de que isso seria bem-vindo. Portanto, a Epistemologia, longe de ser um esforço abstrato e aparentemente inútil, tem a importante consequência prática de promover a paz e a prosperidade no Estado. A primeira seção deste capítulo sumariza os principais elementos da epistemologia de Hobbes. Como veremos, Hobbes acreditava que o conhecimento filosófico, que se origina em nossa experiência sensível do mundo, tem valor principalmente por seus benefícios práticos. Na visão de Hobbes, porém, a experiência sensível sozinha não nos dá conhecimento filosófico. Em vez disso, é o poder da razão humana que permite nos movermos para além da mera sensação em direção ao domínio da verdade. Após apresentar o sumário da epistemologia de Hobbes, apresentarei, na segunda seção, interpretações divergentes da concepção de verdade de Hobbes. A despeito de quão importante seja o conceito de verdade para Hobbes, ele não é inteiramente claro sobre o que ele entende por "verdade". De fato, como veremos, existem boas razões para supor que Hobbes sustenta duas diferentes teorias da verdade. Após examinar a evidência para as interpretações contrastantes, você pode decidir por você mesmo que visão de verdade Hobbes "realmente" sustenta. O capítulo conclui então, na terceira seção, com uma investigação sobre a natureza da verdade. O que significa dizer que alguma coisa é verdadeira? À primeira vista, a resposta a essa questão pode parecer direta: Uma afirmação é verdadeira quando ela acuradamente descreve algum fato do mundo. Reflexão posterior revela, no entanto, que o conceito de verdade é qualquer coisa, menos direto. Após olhar para três teorias da verdade, você poderá decidir por você mesmo qual teoria é a mais razoável.

Sumário: A epistemologia de Hobbes

O valor do conhecimento

O conhecimento filosófico por si próprio, diz Hobbes, não vale realmente o esforço que requer (cf. *Co* 1.189). De acordo com Hobbes, a prática da Filosofia é árdua e consome muito tempo; de fato, se a posse da verdade fosse seu único objetivo, acredita Hobbes, seria melhor simplesmente se abster dela. Felizmente, numerosos benefícios práticos resultam do conhecimento para tornar a investigação filosófica vantajosa. No *De corpore*, Hobbes traça uma analogia entre cultivar e raciocinar, para ilustrar algumas das vantagens práticas do conhecimento. Em tempos anteriores ao cultivo sistemático, afirma Hobbes, as pessoas sabiam naturalmente se alimentar com as glandes[1] espalhadas pelos campos. Ajudados pelo poder da razão, porém, os seres humanos desenvolveram técnicas de cultivo e, por meio delas, adquiriram conhecimento, o que melhorou dramaticamente sua habilidade para se sustentarem. Para produzir tais resultados, de acordo com Hobbes, a razão deve ser guiada por um método. "Muitos homens vagueiam por aí", diz Hobbes, e "caem no erro pela falta de método, como se fosse pela falta de semear e plantar" (*Co* 1.185). Com

1. Ou bolota (*acorn*): fruto do carvalho [N.T.].

um método próprio de raciocinar, em outras palavras, erros podem ser evitados; conhecimentos, obtidos e habilidades, desenvolvidas.

O conhecimento não nos ajuda somente a desenvolver habilidades tecnológicas, ele também nos ajuda a evitar disputas. As mais perigosas disputas, é claro, ocorrem na esfera política, onde as pessoas têm diferentes respostas a questões como: Quem deveria exercer o poder? Qual é a melhor forma de governo? Quais são os respectivos direitos e obrigações dos cidadãos e líderes? Quando, se alguma vez, a desobediência civil ou revolução está justificada? Se o conhecimento genuíno pudesse ser estabelecido no âmbito político, diz Hobbes, então, desacordos sobre as respostas a tais questões cessariam e um estado de paz se seguiria. Era objetivo de Hobbes usar um método científico na esfera política para adquirir conhecimento genuíno. Sem um método assim, diz Hobbes, as pessoas "nada farão senão disputar e altercar, como homens que não estão em seu juízo" (*Co* 1.185).

A origem do conhecimento: a sensação

Hobbes afirma que todas as ideias ou concepções, e, portanto, todo conhecimento, basicamente começam com percepções sensíveis do mundo. "Porque não existe concepção alguma na mente do homem", diz Hobbes, "que não tenha, no início, totalmente, ou por partes, sido produzido sobre os órgãos dos sentidos" (*L* 1.85). Os objetos físicos no mundo interagem com nossos órgãos dos sentidos ou imediatamente ou através de um agente mediador. Nos casos de tato e gustação, por exemplo, objetos fazem contato imediato com (ou "pressionam" contra, como Hobbes diria) nossos órgãos dos sentidos. Nos casos de audição, visão e olfato, por outro lado, objetos operam por intermédio da luz e do ar. Em todos os casos da sensação, o contato físico com os órgãos dos sentidos inicia uma série de movimentos internos que, "pela mediação dos nervos, e outros filamentos e membranas do corpo", são carregados para o "cérebro e o coração", nos quais uma "resistência, ou contrapressão", é produzida (*L* 1.85). Hobbes identifica os movimentos internos, ou "contrapressões", com percepções sensíveis de cores, sons, texturas e assim por diante. Qualidades sensíveis dos objetos materiais, em outras palavras, não são mais do que "movimentos diversos" ocorrendo no cérebro (*L* 1.86). Hobbes aqui se vincula à *descrição materialista da sensação*. De acordo com essa descrição, as sensações não são apenas causadas pelos movimentos físicos no cérebro, mas são identificadas com eles. Nossas experiências de coisas, tais como cores e sons, não são mais do que movimentos no cérebro. Embora Hobbes não distinga especificamente entre o que John Locke chamaria mais tarde de qualidades "primárias" e "secundárias", ele, no entanto, antecipa essa distinção. As qualidades "primárias" de um objeto são aquelas qualidades que pertencem de fato ao objeto, enquanto que as qualidades "secundárias" existem apenas na mente. Assim, por exemplo, o calor e o amarelo do sol são qualidades secundárias, enquanto que as qualidades primárias do sol não são senão as minúsculas partículas físicas que o compõem. As qualidades secundárias, em outros termos, são subjetivas, enquanto que as qualidades primárias são objetivas.

A descrição de Hobbes da sensação inclui uma *teoria representacional da percepção*. De acordo com essa teoria, nossas próprias ideias e experiências "representam" objetos materiais fora da mente. Toda sensação, diz Hobbes, é simplesmente uma "representação ou aparência de alguma qualidade ou outro acidente" de um objeto (*L* 1.85). O objeto imediato de minha experiência de uma cadeira, por exemplo, é a coleção de *minhas próprias ideias* das qualidades da cadeira. Quando eu percebo a cadeira, imediatamente experiencio *minhas próprias ideias* de sua cor, figura, textura e assim por diante. Imagine, por exemplo, que seus olhos são como as lentes de uma câmera. A luz do sol incide sobre uma cadeira na sala e entra em seus olhos, como o faz através das lentes de uma câmera. A luz então toca o filme e uma imagem é criada. Depois de desenvolver o filme e criar uma impressão, a fotografia é uma imagem da cadeira original. Quando você olha para a fotografia, você não está imediatamente experienciando a própria cadeira, mas uma representação dela. De um modo similar, a imagem em sua mente, criada pela ação da luz em seus olhos e em seu cérebro, é uma representação da cadeira.

Problema desconcertante: O problema da percepção

A descrição representacional da percepção, de Hobbes, pode parecer erguer um "véu de percepção" entre nossas mentes e o mundo físico, uma vez que os objetos imediatos da percepção são nossas próprias ideias, em vez das coisas em si mesmas. A imagem em nossas mentes é, como a fotografia, uma representação do objeto original. Para determinar se uma fotografia é uma representação acurada de um objeto, nós simplesmente necessitamos comparar a fotografia com o próprio objeto. Imagine, porém, que você só pode ver a fotografia. Como você pode determinar se a fotografia retrata acuradamente o objeto? De acordo com Hobbes, os objetos imediatos da percepção são nossas próprias ideias e concepções. Como, então, podemos sair de nossas próprias mentes para comparar a concepção em nossas mentes com o próprio objeto? Hobbes considerou essa questão e respondeu que sua teoria representacional da percepção não cria uma barreira entre o mundo e a mente. O "objeto da visão", propriamente falando, não é "luz nem cor, mas o próprio corpo que é luzidio, iluminado ou colorido" (*Co* 25.225). Hobbes assevera que experienciamos os objetos em si mesmos. Devido ao fato de que percebemos somente nossas próprias ideias, Hobbes está justificado a fazer uma afirmação dessas? Você pode pensar num modo de ajudar Hobbes a sair dessa dificuldade?

Imaginação

Hobbes distingue entre a sensação imediata de um objeto (que ocorre quando alguém ativamente percebe um objeto) e a "imagem" de um objeto (que perdura na mente quando o objeto não está mais presente). Hobbes define imaginação como "nada senão a sensação atenuada" (*L* 2.88). A imaginação, em outras palavras, nada mais é senão os movimentos que foram originalmente causados pela pressão exercida pelos objetos externos. "Porque depois que o objeto é removido", diz

Hobbes, "ou o olho, fechado, nós ainda retemos uma imagem da coisa vista, embora mais obscura do que quando nós a vemos" (*L* 2.88). Por exemplo, se você estivesse a olhar para o sol e fechasse seus olhos, a imagem dele ainda estaria em sua mente. Quando essas imagens se tornam "evanescidas e velhas", elas se transformam em "memórias" (*L* 2.89). À medida que acumulamos memórias, adquirimos "experiência", que é definida como "muita memória ou memória de muitas coisas" (*L* 2.89). A imaginação é também responsável pelas imagens que ocorrem nos sonhos (*L* 2.90). Memória, experiência e sonhos, portanto, são todos fenômenos mentais classificados sob a imaginação. A imaginação, de acordo com Hobbes, torna o "entendimento" possível. "A imaginação que é formada no homem", diz Hobbes, "pelas palavras, ou outros signos voluntários, é o que geralmente chamamos entendimento" (*L* 2.93). É importante notar que o "entendimento" é comum aos seres humanos e animais, uma vez que é simplesmente a ocorrência de imagens na mente. Um cachorro entende o chamado do dono, por exemplo, porque o chamado do dono causa certa ideia ou "imagem" na mente do cachorro.

Imagens na mente estão constantemente aparecendo e desaparecendo. Essa "sequência da imaginação" Hobbes descreve como um "discurso mental", que ele divide em dois tipos, guiado ou não guiado (*L* 3.94). Em algumas instâncias, como nos sonhos, nossos pensamentos vagueiam de uma ideia à próxima sem um "pensamento apaixonado para governá-los e direcioná-los" (*L* 3.95). O discurso mental guiado, por outro lado, é "regulado por algum desejo e desígnio" (*L* 3.95). Uma sequência regulada de pensamentos vem em uma dentre duas variedades. Por um lado, podemos procurar as causas de uma coisa ou evento dado a partir de seus efeitos ou podemos procurar possíveis efeitos a partir de causas particulares. Se um homem perde uma chave, por exemplo, "sua mente retrocede de lugar para lugar, e de momento a momento, para descobrir onde e quando ele a tinha" (*L* 3.96). Nesse caso, o homem procura a causa da chave perdida por meio da sucessão de imagens guiada por um propósito específico. O movimento poderia também ser guiado em direção a um objetivo futuro como quando, por exemplo, imaginamos um número de maneiras diferentes de gastarmos o cheque do salário. Esse, em outras palavras, pode "causar", ou levar a, alguns efeitos diferentes. A habilidade de prever efeitos possíveis de uma causa determinada baseado em experiências prévias é chamada prudência (cf. *L* 3.97). Uma vez que causas similares são geralmente seguidas por efeitos similares, quanto mais experiências temos de um dado tipo de causa e dos efeitos que produz, mais provável será que antecipemos os efeitos atuais de uma causa presente. Uma pessoa prudente, portanto, tem uma considerável quantidade de experiências com certo tipo de causa e seus correspondentes efeitos e é, por isso, melhor equipada para conjeturar sobre o futuro.

Prudência, embora possa nos ajudar a atingir uma variedade de objetivos, não conduz a conhecimento seguro sobre o futuro. Como Hobbes explica, a prudência é baseada na experiência e ninguém pode extrair conclusões "universais" da experiência. "Porque, embora um homem tenha sempre visto o dia e a noite seguirem-se um ao outro até agora", diz Hobbes, "não pode ele ainda, com base nisso, concluir que eles assim seguirão, ou que eles tenham assim se seguido, eternamente: *a experiência nada conclui universalmente*" (*El* I.4.10). Assim, a experiência não nos provê de conhecimento necessário. Se você deixar cair uma maçã da sua mão cem vezes e ela cair em direção à terra, não é logicamente necessário que ela caia em direção à terra da próxima vez que ela for solta. Todo raciocínio sobre o futuro, ou passado, baseado na experiência, nada é senão "conjectura". Assim, para usar um dos exemplos de Hobbes, se um homem estivesse para experienciar a ruína de um Estado próspero, ele não poderia concluir que as mesmas causas se aplicaram à ruína de Estados anteriores. Tal conjectura, diz Hobbes, "tem quase a mesma incerteza que a conjectura sobre o futuro, sendo ambas fundadas apenas na experiência" (*L* 3.98).

Conhecimento filosófico e razão

Conhecimento filosófico, de acordo com Hobbes, é uma forma adquirida de conhecimento que se origina na experiência sensível, mas não é o mesmo que a experiência sensível. Hobbes acredita que a experiência sensível é uma forma inferior de conhecimento. Além disso, outras formas de "entendimento", tais como prudência, não devem igualmente ser confundidas com conhecimento filosófico, mesmo que, também, iniciem com os sentidos. De acordo com Hobbes, razão é a faculdade responsável por adquirir conhecimento filosófico. Simplificando, razão é uma faculdade de calcular que "adiciona" e "subtrai" ideias. Para ilustrar isso, Hobbes usa um exemplo de perceber um homem à distância. De acordo com esse exemplo, quando você vê um homem muito longe, você primeiro o percebe simplesmente como um "corpo", sem saber se ele é um homem, uma mulher, um animal ou mesmo um objeto inanimado. À medida que o corpo fica mais próximo, você se apercebe de que ele é "animado". Finalmente, se esse corpo animado chega a você e inicia uma conversação, você se dá conta de que ele é um corpo animado e racional, i.e., um ser humano. A razão toma numerosos conceitos obtidos da experiência e os reúne em um. Assim, por exemplo, a razão reúne "corpo", "racional" e "animado" no conceito "humano". Similarmente, se o homem estivesse se afastando, você primeiro subtrairia do homem a ideia de racionalidade. À medida que ele se afastasse ainda mais, você então subtrairia a ideia de animação. Para Hobbes, a razão realiza a subtração e a adição de quaisquer tipos de conceitos ou coisas. "Em suma", afirma Hobbes, onde quer que haja um "lugar para adição e subtração, há também um lugar para a razão" (*L* 5.110-1).

Resolução e composição

O método de Hobbes para a investigação filosófica é o método resolutivo-compositivo, que foi usado por Galileu para investigar fenômenos naturais. Simplificando, Hobbes acredita que, para entendermos uma determinada coisa propriamente, ela deve ser imaginativamente decomposta, ou "resolvida", em suas "causas constitutivas", ou partes componentes. Para Hobbes, "tudo é melhor entendido pelas suas causas constitutivas" (*Ci* Prefácio 98). Resolver um corpo para entendê-lo é análogo a desmontar um relógio para entender seu funcionamento. "Porque assim como em um relógio, ou algum pequeno mecanismo como tal", diz Hobbes no *De cive*, "a matéria, a figura, o movimento das rodas não podem ser bem conhecidos, exceto se tomados separadamente e vistos em partes" (*Ci* Prefácio 98). Isso se relaciona igualmente à noção de razão, de Hobbes, como uma faculdade "calculadora" que adiciona e subtrai. O processo de resolução, por exemplo, é a "subtração" das partes do todo. De qualquer modo, a resolução não somente revela as causas constitutivas como também as propriedades que são mais "universais" do que as coisas "singulares" que estão sendo resolvidas. Quando uma coisa particular é resolvida, em outras palavras, ela é decomposta em propriedades comuns. Para usar um dos exemplos de Hobbes, imagine que você tenha uma ideia de um quadrado particular em sua mente. Esse quadrado pode ser resolvido nas seguintes propriedades: plano, linhas retas, linhas iguais e ângulos retos. Tais propriedades são "mais universais" do que o próprio quadrado, porque cada propriedade pertence a outras figuras. Linhas retas, por exemplo, são propriedades de retângulos, dentre outras coisas. Após descobrir as causas e propriedades constitutivas de uma determinada coisa, podemos usar a segunda parte do método resolutivo-compositivo para "compor" a coisa a partir de suas causas (ou "reunir" suas propriedades para criar um todo). Ao entender as propriedades fundamentais de um quadrado, por exemplo, podemos corretamente construir ou, como Hobbes diria, "gerar", um quadrado. Infelizmente, quando Hobbes fala de seu método filosófico, ele nem sempre usa os mesmos termos descritivos. Assim, por exemplo, ele descreve seu método, variadamente, em termos de decompor um "todo" em suas "partes", descobrindo as "causas" a partir dos "efeitos", e entender a "aparência" de alguma coisa por sua "geração". Em um lugar, Hobbes diz que conhecimento filosófico é "conhecimento dos efeitos ou aparências, que adquirimos, pelo verdadeiro raciocínio, a partir do conhecimento que primeiro temos de suas causas ou geração; e ainda, [conhecimento] das causas ou gerações, que pode ser [adquirido] a partir do conhecimento de seus efeitos" (*Co* 1.3). Portanto, Hobbes diz que as partes constituintes de uma coisa são identificadas com suas "causas", que são responsáveis por sua "geração". Assim, no caso do quadrado, suas várias "partes" são as "causas" de ele ser "gerado".

Demonstração científica

Hobbes não quer somente adquirir conhecimento para si próprio, mas também demonstrar esse conhecimento para outros. Aos 40 anos, Hobbes "apaixonou-se" pela Geometria, por causa de seu poder de demonstrar cientificamente conclusões verdadeiras na base de princípios autoevidentes ou universalmente aceitos[2]. John Aubrey, que incluiu uma biografia de Hobbes em seu *Brief Lives* (Vidas breves), descreve a origem do "amor" de Hobbes pela Geometria.

> Ele tinha [...] 40 anos, antes que olhasse para a Geometria, o que aconteceu acidentalmente. Estando na biblioteca de um cavalheiro [...] estava exposto o *Elements*, de Euclides, e era o 47 El. libri 1. Ele leu a proposição. "Por D–," disse ele, (e o faria assim de vez em quando a fim de enfatizar), "isso é impossível!" Desse modo, ele lê a demonstração da mesma, que o remeteu de volta a tal proposição, proposição a qual ele leu. Essa o remeteu de volta a outra, a qual ele também leu. *Et sic deinceps* [(e assim sucessivamente)], até que, enfim, estava demonstravelmente convencido da verdade. Isso o fez se apaixonar pela Geometria[3].

A Geometria fornece o modelo perfeito de demonstração científica para Hobbes, porque ela constrói argumentos na base de primeiros princípios ou definições universalmente aceitos[4]. Um argumento, filosoficamente falando, é uma série de proposições em que uma delas (a "conclusão") é logicamen-

---

2. Para saber mais sobre o papel da Geometria em Hobbes, cf. SACKSTEDER,1980.

3. AUBREY, 1972, p. 230.

4. Para saber mais sobre a noção de demonstração científica em Hobbes, cf. HANSEN, 1990.

te deduzida das outras (as "premissas"). O tipo básico de argumento para Hobbes é o "silogismo", que consiste de duas premissas que sustentam logicamente uma determinada conclusão. Por exemplo, das duas premissas, "todas as maçãs são frutas" e "toda fruta é nutritiva", podemos logicamente derivar a conclusão "todas as maçãs são nutritivas". Para um silogismo ser "científico", de acordo com Hobbes, ele deve ter uma conclusão que é tanto verdadeira como universal. Com relação à condição da verdade, Hobbes diz que "todo raciocínio verdadeiro, que inicia de princípios verdadeiros, produz ciência e é demonstração verdadeira" (*Co* 6.208). As conclusões de uma demonstração científica também devem ser universais. Uma proposição universal, tal como "todas as maçãs são nutritivas", não concede exceção alguma e, desse modo, captura uma característica da classe inteira de maçãs. Um traço positivo do conhecimento científico, de acordo com Hobbes, é precisamente essa habilidade de transcender situações particulares fazendo afirmações universais. Uma demonstração científica, portanto, é um silogismo que começa com proposições verdadeiras e universais e, com base nelas, deduz validamente conclusões com as mesmas características.

Problema desconcertante: O problema da ciência

No *Leviathan*, Hobbes fornece duas definições de conhecimento científico. No primeiro caso, ele define ciência como conhecimento factual das causas e efeitos. No segundo caso, ele define ciência como conhecimento "condicional" de "afirmações". Por exemplo, dado que eu sei o que "círculo" significa, posso fazer a seguinte afirmação: a de que "se alguma coisa é um círculo, então ela é redonda". Nesse caso, conhecimento científico simplesmente parece ser uma questão de conhecer as definições das palavras. Compare estas duas passagens do *Leviathan*:

> Ciência é o conhecimento das consequências e da dependência de um fato com relação a outro, pelo qual [...] nós sabemos como fazer outra coisa quando queremos [...] porque – quando vemos como qualquer coisa acontece, por meio de que causas,

> e de que maneira –, quando as causas semelhantes entram em nosso poder, vemos como fazê-las produzir os efeitos semelhantes (*L* 5.115).
>
> A ciência [...] é condicional, como quando sabemos que, "se a figura mostrada for um círculo, então qualquer linha reta através do centro deve dividi-la em duas partes iguais". E esse é o conhecimento requerido em um filósofo (*L* 9.147).

Estas duas passagens são coerentes uma com a outra? Como Hobbes pode responder à acusação de que ele tem duas concepções diferentes de ciência?

Verdade

Para Hobbes, verdade é uma característica das proposições nas quais um "nome" da proposição "significa" ou "compreende" outro. Um "nome" é uma palavra usada ou como uma "marca" ou como um "signo" de uma ideia ou de uma concepção em nossas mentes. Uma "marca" é uma palavra que funciona como um mecanismo mnemônico para trazer de volta uma ideia à mente. Por exemplo, eu posso usar a palavra "cachorro" para recordar a ideia de um cachorro. Um "signo", por outro lado, é uma palavra usada para comunicar nossos pensamentos a outros. Por exemplo, eu posso usar "cachorro" para "significar" a você que eu estou pensando em um cachorro. Nomes, diz Hobbes, têm diferentes níveis de significação à medida que eles "compreendem" mais ou menos coisas. Nomes "próprios", por exemplo, significam nossas ideias ou indivíduos específicos, enquanto nomes "comuns" significam nossas ideias de grupos. Nomes comuns, quando eles significam todos os indivíduos de uma determinada classe, são nomes "universais". "Peter Pipe" é um nome próprio porque ele significa um indivíduo, enquanto "homem" é tanto universal como comum porque significa todos os membros de um grupo. Alguns tipos de nomes, em outras palavras, têm um escopo maior do que outros. Proposições verdadeiras são aquelas nas quais o termo sujeito está incluído no escopo do termo predicado. Como Hobbes diz:

> Quando dois nomes estão agrupados em uma consequência ou afirmação, tal como *um homem é uma criatura viva* ou *se ele for um homem, ele é uma criatura viva*, se o segundo nome *criatura viva* significa todos que o primeiro nome *homem* significa, então a afirmação ou consequência é *verdadeira*, de outro modo, é *falsa* (*L* 4.104-5).

Em outras palavras, quando eu digo que "homem é uma criatura viva", eu estou dizendo que o nome "criatura viva" é um termo mais amplo que, por definição, inclui "homem".

Para Hobbes, verdade é uma característica linguística pertencente às proposições. De fato, é o traço linguístico da verdade que torna o conhecimento científico possível. Para ilustrar isso, Hobbes menciona que uma pessoa sem linguagem pode descobrir que os três ângulos de um triângulo particular são iguais a dois ângulos retos, mas "se outro triângulo, de formato diferente do anterior, for mostrado a ela, ela não poderá saber, sem um novo trabalho, se os três ângulos daquele são também iguais ao desse" (*L* 4.103). Uma pessoa que fala, no entanto, pode "marcar" essa verdade com a afirmação de que "três ângulos de um triângulo equivalem a dois ângulos retos". A linguagem, diz Hobbes, "nos dá controle sobre o trabalho da mente" e "faz com que aquilo que foi considerado verdadeiro *aqui* e *agora*, seja verdadeiro em *todos os tempos* e *lugares*" (*L* 4.104). Assim, a verdade científica se torna possível através da linguagem porque os nomes nos permitem não somente marcar e lembrar nossas descobertas, mas também comunicá-las aos outros.

Geometria e Física

No *De corpore*, Hobbes apresenta os elementos principais de sua filosofia natural, incluindo suas ideias sobre Geometria e Física. As duas diferentes ciências revelam diferentes tipos ou níveis de conhecimento. A Geometria, diz Hobbes, considera os conceitos de "movimento e magnitude por si mesmos de um modo geral" (*Co* 24.386). A Física, por outro lado, estuda os "movimentos e magnitudes dos corpos que são partes do mundo, real e existente" (*Co* 24.386). Na visão de Hobbes, a

Geometria é uma ciência que demonstra a verdade de suas conclusões, enquanto a Física permanece no domínio das hipóteses. A razão para essa diferença, de acordo com Hobbes, é o fato de que os princípios da Geometria são definições que são aceitas como verdadeiras. Com esses princípios à disposição, podemos então demonstrar a verdade das conclusões extraídas desses princípios. Os princípios da Física, todavia, são descobertos através da experiência; eles não são criados por nós, mas colocados no mundo por Deus. Esses princípios, diz Hobbes, "não são tal como fazemos e pronunciamos em termos gerais, como definições; mas tal como são colocados, pelo Autor da natureza, nas coisas em si mesmas, são por nós observados nelas" (*Co* 25.288). De acordo com Hobbes, não nos é permitido extrair quaisquer conclusões universalmente verdadeiras na base da observação. Ainda que observemos que noite e dia sempre se seguiram um ao outro, ele diz, nós não podemos concluir que isso sempre será desse modo, uma vez que "a experiência nada conclui universalmente" (*El* I.4.10). A Física "depende de hipóteses, que, a menos que saibamos que elas sejam verdadeiras, é impossível, para nós, demonstrarmos que aquelas causas, que expliquei, são causas verdadeiras" (*Co* 30.531). Portanto, as conclusões da Física não podem ser demonstradas como verdadeiras, uma vez que não podemos saber se os princípios básicos são verdadeiros. As conclusões em Geometria, todavia, são capazes de provas demonstráveis porque os princípios são "construídos por nós".

Problema desconcertante: O problema da experiência

Hobbes acredita ter estabelecido uma filosofia política *científica*, fundada em princípios *verdadeiros*. Independentemente do que, de fato, verdade significa nesse caso, está claro que Hobbes supõe que sua filosofia política é verdadeira. Em muitos lugares, no entanto, Hobbes afirma que os princípios de sua filosofia política são conhecidos pela experiência. Por exemplo, no *De cive*, Hobbes "estabelece um princípio, conhecido por experiência por todos os homens, e por nenhum negado, a saber, que as disposições dos homens são naturalmente tais que, exceto se forem restringidos por alguma força coercitiva, todo homem temerá e desconfiará do outro" (*Ci* Prefácio 99). Nos *Elements of law*, Hobbes apresenta um princípio que é a "verdadeira e única fundação de tal ciência [política]" (*El* Carta). Hobbes diz então que ele "não está pretendendo aceitar de boa-fé nenhum princípio, mas somente lembrar aos homens o que eles já sabem, ou podem saber, por sua experiência" (*El* I.1.2). Hobbes diz que sua filosofia política está "fundada em seus próprios princípios, suficientemente conhecidos pela experiência" (*Ci* Prefácio 103). Os princípios fundamentais de sua filosofia política, portanto, são supostamente conhecidos pela experiência. A experiência, contudo, não pode ser a base para afirmações de verdades universais. Nisso reside o problema da experiência. Se a Filosofia Política está fundada em princípios empíricos conhecidos pela experiência e a experiência não pode extrair quaisquer conclusões universalmente verdadeiras, então, a filosofia política de Hobbes não pode extrair quaisquer conclusões universalmente verdadeiras. Portanto, a filosofia política de Hobbes não pode ser uma ciência genuína. A visão de experiência de Hobbes, em outras palavras, parece ser inconsistente com a afirmação de que sua filosofia política é uma ciência. Hobbes é verdadeiramente inconsistente nesse assunto? Você pode encontrar um modo de interpretar Hobbes evitando esse problema?

Empirismo e racionalismo

Filósofos dos séculos XVI e XVII são geralmente classificados ou como empiristas ou como racionalistas, quando se trata de suas teorias do conhecimento. Os empiristas acreditam que o conhecimento fundamentalmente começa com a experiência, e é por ela confirmado. John Locke afirmava que a mente humana começa como uma *tabula rasa*, ou ardósia em branco[5], que é gravada por nossas experiências. Não existe conhecimento sem algum tipo de confirmação empírica. Os racio-

---

5. No original, em inglês, "*blank slate*", literalmente, "ardósia branca": uma pequena folha de ardósia numa moldura de madeira, sobre a qual as crianças escreviam antigamente nas escolas [N.T.].

nalistas, por outro lado, acreditam que o conhecimento é fundado através da reflexão racional sobre nossas ideias sem confirmação da experiência. René Descartes, por exemplo, era um racionalista que reconhecia que "penso logo existo" era uma verdade imediatamente disponível à razão sem confirmação empírica. Para saber que existo, eu não tenho que usar meus sentidos; simplesmente reconheço a verdade dessa afirmação como se eu afirmasse que "alguma coisa pode e não pode existir ao mesmo tempo". De qualquer modo, da verdade fundamental de que ele existe, Descartes tenta derivar outras verdades através do raciocínio lógico. Voltando a Hobbes, podemos dizer que ele é tanto empirista como racionalista. Ele é empirista à medida que ele acredita que o conhecimento fundamentalmente começa com a experiência sensível, mas ele também acredita que o conhecimento genuíno depende das premissas primeiras que são universais e verdadeiras. De acordo com Hobbes, a experiência por si própria não pode ser a base para extrair afirmações universalmente verdadeiras. Por exemplo, do fato de que todo corvo, que eu experienciei, ser preto, eu não posso justificadamente afirmar que "todos os corvos são pretos". Em tais casos, portanto, a posição de Hobbes parece estar mais próxima à do racionalismo.

Interpretação: Qual é a teoria da verdade de Hobbes?

Na seção anterior, apresentei um sumário da epistemologia de Hobbes baseado na *minha leitura* de seus textos. Você pode ler os mesmos textos e encontrar um Hobbes diferente. Nesta seção vamos explorar somente uma área de desacordo acadêmico na epistemologia de Hobbes, sua concepção de verdade. De acordo com uma interpretação, Hobbes sustenta uma "teoria da verdade como convenção", segundo a qual a verdade das proposições depende da convenção humana e do acordo sobre uso das palavras[6]: dizer que uma afirmação é verdadeira é simplesmente dizer que as pessoas concordaram com ela. Segundo uma interpretação diferente, Hobbes aceita

6. Para um exemplo dessa interpretação, cf. MARTINICH, 1997b, p. 97s.

uma "teoria da verdade como correspondência". De acordo com essa visão, a verdade das proposições é determinada por seu grau de "correspondência" à realidade[7]. Dizer que uma afirmação é verdadeira significa que ela revela algum fato objetivo sobre a realidade. Nesta seção, farei alguns comentários introdutórios sobre essas duas interpretações. Vamos, então, examinar passagens específicas dos textos de Hobbes em um esforço para encontrar a melhor interpretação de sua concepção de verdade.

A teoria da verdade como convenção

Existe uma boa quantidade de evidências para apoiar a interpretação de que Hobbes aceita uma teoria da verdade como convenção. A principal dessas evidências repousa sobre a afirmação de Hobbes de que a verdade descreve uma relação entre os nomes de uma proposição e não uma relação entre nomes e o mundo. Como Hobbes diz, "a verdade consiste no discurso e não nas coisas das quais se fala" (*Co* 3.35). Uma proposição verdadeira não descreve algum fato sobre o mundo, mas simplesmente revela alguma coisa sobre o modo como usamos as palavras. Por exemplo, se "todas as maçãs são frutas" é uma proposição verdadeira, isso não significa que todas as maçãs no mundo sejam frutas. Em vez disso, isso simplesmente significa que às vezes usamos as palavras "frutas" e "maçã" para significar a mesma ideia. Hobbes, como vimos, diz que um nome é "marca" ou "signo" de uma *concepção*; um nome não marca ou significa a própria coisa, mas simplesmente nossas ideias acerca dela. A palavra "maçã", por exemplo, marca ou significa minha concepção de maçã, não a maçã que existe no mundo real. Verdade, portanto, não descreve uma relação entre concepções de coisas e as coisas elas mesmas, mas somente uma relação entre concepções e palavras.

Evidência posterior para a teoria da verdade como convenção em Hobbes é encontrada em sua afirmação de que aos

---

7. Para um exemplo dessa interpretação, cf. McNEILLY, 1968, p. 63; BOONIN-VAIL, 1994, p. 31.

nomes são "arbitrariamente" designadas várias concepções por um ato de vontade. Hobbes diz, por exemplo, que um "nome ou apelação, portanto, é a voz de um homem arbitrariamente imposta, para que uma marca traga à sua mente alguma concepção concernente à coisa sobre a qual ela é imposta" (*El* I.5.2). Se nomes são arbitrariamente impostos, não se segue que proposições, que são feitas de nomes, sejam criadas por um ato de vontade? E, se esse é o caso, não se segue também que a verdade de proposições depende simplesmente do modo como usamos as palavras? No *De corpore*, Hobbes parece responder ambas as questões afirmativamente, quando diz que as "primeiras verdades foram arbitrariamente feitas por aqueles que em primeiro lugar impuseram nomes sobre as coisas ou os receberam das imposições de outros" (*Co* 3.36). Nesse caso, portanto, a verdade das proposições se baseia simplesmente sobre a convenção ou acordo humano.

A teoria da verdade como correspondência

A despeito da evidência explícita do contrário, existe também uma boa razão para acreditar que Hobbes aceita uma teoria da verdade como correspondência. De acordo com essa teoria, proposições verdadeiras, de fato, correspondem à realidade, ou descrevem-na. Desse modo, se "todas as maçãs são frutas" é verdadeiro, então todas as maçãs realmente são frutas. A principal evidência para acreditar que Hobbes aceita uma teoria da verdade como correspondência consiste no fato de que o sucesso de sua filosofia política requer que ela seja "verdadeira" no sentido de que ela acuradamente descreve a realidade. Hobbes, como vimos, quer apresentar uma filosofia política que possa resolver conflitos fornecendo a "verdade" sobre questões políticas. Assim, Hobbes quer mostrar que algumas visões políticas são certas e algumas são erradas. Se a verdade é simplesmente uma questão de convenção, então, tecnicamente falando, quaisquer visões políticas podem ser verdadeiras enquanto as pessoas estiverem de acordo com a terminologia. Parece improvável, no entanto, que Hobbes acredite que sua filosofia política seja verdadeira simplesmente por definição. Como foi brevemente mencionado no primeiro capítulo, a demonstração científica de Hobbes de sua filosofia política está supostamente fundada sobre premissas verdadeiras, indisputáveis. Mais especificamente, Hobbes diz que sua demonstração está fundada sobre uma verdade acerca da natureza humana: para que os seres humanos convivam pacificamente, eles devem ser coagidos a se comportar de acordo com a lei. "Em primeiro lugar", diz Hobbes, "estabeleço um princípio conhecido por experiência por todos os homens, e por nenhum negado, a saber, que as disposições dos homens são naturalmente tais que, exceto se forem restringidos por alguma força coercitiva, todo homem temerá e desconfiará do outro" (*Ci* Prefácio 99). Nesse caso, Hobbes implica que certos princípios da natureza humana são verdadeiros porque eles genuinamente descrevem o fato em questão. Seres humanos, *na realidade*, são seres autointeressados que necessitam de uma força poderosa para mantê-los sob controle. Um governo forte, *na realidade*, é necessário para a paz e prosperidade. A filosofia política de Hobbes, *na realidade*, descreve a verdade sobre questões políticas. É difícil imaginar que Hobbes não acreditasse que as verdades de sua filosofia descrevessem acuradamente a realidade.

Principais passagens a considerar

Hobbes sustenta uma teoria da verdade como convenção ou uma teoria da verdade como correspondência? Para responder a essa questão, deveríamos antes examinar seus textos, considerar suas intenções, imaginar respostas possíveis, caso ele estivesse consciente das inconsistências em seu pensamento, e determinar qual teoria se encaixa melhor na evidência textual. Talvez Hobbes não sustente nem uma nem outra teoria da verdade, mas aceite uma alternativa. De qualquer modo, apresento e comento as passagens principais a fim de ajudar você a desenvolver sua própria interpretação. As passagens 1-3 sugerem que saber a verdade é simplesmente uma questão de entender "princípios" ou "definições" que foram *aceitos* como verdadeiros. Mas essas passagens confirmam definitivamente que a verdade, para Hobbes, é exclusivamente uma questão de acordo humano? Existe qualquer evidência nessas passagens para sugerir que Hobbes possa ainda sustentar que afirmações verdadeiras refletem o modo como o mundo realmente é? As passagens 4-6, por outro lado, apoiam a visão de que a verdade envolve revelar aspectos da realidade. Essas passagens são incompatíveis com as primeiras três? Existe uma maneira de interpretar Hobbes de modo que suas visões sejam consistentes?

Comentários e questões à passagem 1

A seguinte passagem sugere que erros são cometidos quando usamos nomes de modos novos e não convencionais. Se, por exemplo, eu me refiro ao "sol" como a "lua", e então afirmo que a "lua é maior do que a terra", parece que minha afirmação seria falsa porque eu parti das definições aceitas de "sol" e "lua". Você acha que Hobbes realmente acredita que a falsidade surge somente do mau uso das palavras? Você pode encontrar qualquer evidência para afirmar que a verdade requer mais do que o uso próprio da palavra?

Passagem 1

> Esse tipo de erro somente merece o nome de *falsidade*, como surgindo não da percepção nem das coisas elas mesmas, mas do afirmar irrefletidamente; porque os nomes têm sua constituição, não das espécies de coisas, mas da vontade e consentimento dos homens. E por isso acontece de os homens afirmarem falsamente, por sua própria negligência, ao partirem de tais denominações como são acordadas, e não são enganados nem pelas coisas nem pelos sentidos; porque eles não percebem que a coisa que eles veem é chamada sol, mas dão a ele esse nome por sua própria vontade e acordo (*Co* 5.56).

Comentários e questões à passagem 2

Na passagem 2, Hobbes reafirma que verdade é uma característica das proposições onde o termo sujeito está contido no escopo do termo predicado. Ele sugere adiante que verdade é uma questão de conhecer "definições" que foram "estabelecidas". Em Geometria, diz Hobbes, os seres humanos começam concordando sobre princípios fundamentais ou definições. Hobbes não explica por que os seres humanos podem "estabelecer" uma definição sobre outra. Essa falta de uma explicação indica alguma coisa para você?

> Passagem 2
>
> Quando dois nomes são agrupados em uma consequência ou afirmação, como esta: "*Um homem é uma criatura viva*", ou esta: "S*e ele for um homem, ele é uma criatura viva*"; se o segundo nome "*criatura viva*" significa tudo que o primeiro nome "*homem*" significa, então a afirmação, ou consequência, é *verdadeira*; caso contrário, é *falsa*. Porque *verdadeiro* e *falso* são atributos do discurso, não das coisas. E onde não existe discurso, não existe nem verdade nem falsidade [...] Vendo então que a verdade consiste no correto ordenamento dos nomes em nossas afirmações, um homem que busque a verdade precisa ter necessidade de lembrar o que cada nome que ele usa representa e colocá-lo apropriadamente, do contrário se encontrará enredado em palavras, como um pássaro nas varas cobertas com visco; quanto mais ele luta mais ele se enreda. E, portanto, em Geometria, que é a única ciência que, até agora, aprouve Deus conceder à espécie humana, os homens iniciam pelo estabelecimento de suas palavras e significações, ao qual chamam *definições*, e as colocam no começo de seu cálculo (*L* 4.104-5).

Comentários e questões à passagem 3

A seguinte passagem é tomada de uma objeção escrita por Hobbes a um argumento de René Descartes. O principal ponto de Hobbes na objeção é mostrar que existe diferença entre ter ideia de alguma coisa e o processo racional de inferir que alguma coisa existe na base de uma ideia. No processo de elaboração de sua objeção, Hobbes parece confirmar a visão de que a verdade não revela coisa alguma sobre a natureza das coisas, mas é simplesmente uma característica dos nomes. Em sua resposta à objeção de Hobbes, Descartes levanta as duas seguintes questões: "Quem duvida que um francês e um germânico possam discutir sobre as mesmas coisas, a despeito das palavras sobre as quais pensam serem completamente diferentes?" e "Porque se ele [Hobbes] admite que as palavras significam alguma coisa, por que ele não permitirá que nosso raciocínio lide com esse algo que é significado, em vez de lidar meramente com palavras?"[8] Dado seu conhecimento das concepções de Hobbes acerca do uso e significação das palavras, como você responderia às questões de Descartes?

> Passagem 3
>
> Agora, o que devemos dizer se veio à luz que raciocinar é simplesmente o agrupar e vincular de nomes e rótulos por meio da palavra "é"? Seguir-se-ia que as inferências em nosso raciocínio nada nos dizem, em todo caso, sobre a natureza das coisas, mas, meramente, sobre os rótulos aplicados a elas; isto é, tudo o que podemos inferir é se estamos ou não combinando os nomes das coisas de acordo com as convenções arbitrárias que estabelecemos a respeito de seu significado[9].

Comentários e questões à passagem 4

Na passagem 4, Hobbes fornece definições de "lugar" e "movimento". Interessantemente, Hobbes implica que suas definições são as "verdadeiras". Em outras palavras, essas definições não são acordadas. Em contraste às três passagens anteriores, essa passagem parece dizer que existem definições certas e erradas e, portanto, que definições não são simplesmente verdadeiras ou falsas por convenção. Esta passagem pode ser usada para apoiar a interpretação de que Hobbes não sustenta uma concepção de verdade como convenção, mas uma concepção de verdade como correspondência. Essa é a melhor in-

---

8. DESCARTES, 1984b, p. 126.

9. Ibid.

terpretação da passagem? Hobbes está necessariamente implicando que suas definições capturam acuradamente o que "lugar" e "movimento" realmente são?

Passagem 4

> Por exemplo, aquele que tem uma concepção verdadeira de lugar não pode ser ignorante sobre esta definição: *lugar é aquele espaço que é possuído ou preenchido adequadamente por algum corpo*; e assim, aquele que concebe *movimento* corretamente não pode senão saber que *movimento é a privação de um lugar e a aquisição de outro* (*Co* 1.6).

Comentários e questões à passagem 5

A passagem 5 tem sido usada também como evidência para uma teoria da verdade como correspondência em Hobbes. Nessa passagem, Hobbes afirma que escritores políticos anteriores discordaram consistentemente uns dos outros porque não foram capazes de fazer da política uma ciência. O que é necessário é um método, como na Matemática, que começa com princípios verdadeiros e indisputáveis. Embora não revele, nessa passagem, especificamente, os princípios de sua filosofia política, Hobbes claramente declara que seus princípios são a "única e verdadeira fundação" para uma ciência política. Isso sugere que os princípios de Hobbes são mais do que apenas definições convencionais? Ele está advogando necessariamente uma concepção de verdade como correspondência?

Passagem 5

> [A]queles que escreveram sobre justiça e política em geral enchem um ao outro e a si mesmos de contradições. Para reduzir esta doutrina [Filosofia Política] às regras e à infalibilidade da razão, não existe outro modo senão primeiro substituir tais princípios por uma fundamentação, de modo que a paixão sem desconfiança não possa tentar deslocá-la; e mais tarde construir nisso a verdade dos casos na lei de natureza (que até agora foi construída no ar) gradualmente, até que o todo seja inexpugnável. Agora (meu senhor) os princípios ajustados

a tal fundação são aqueles que eu antes comuniquei a Vossa Senhoria, também em discurso privado, e que por seu comando aqui coloquei no método. O exame, por meio deste, de casos entre soberano e súdito, deixo àqueles que devem encontrar ócio e encorajamento para isso. Da minha parte, apresento isso a Vossa Senhoria para a verdadeira e única fundamentação de tal ciência. A respeito do estilo, é, então, o pior, porque fui forçado, enquanto escrevia, a me ocupar mais com a lógica do que com a retórica. Mas, com respeito à doutrina, não está parcamente provada, e as conclusões dela são de tal natureza que, pela ausência delas, governo e paz nada têm sido até agora senão medo mútuo (*El* Carta).

Comentários e questões à passagem 6

A passagem 6 fornece mais uma evidência para uma concepção da verdade como correspondência. Nesta passagem, Hobbes sugere que ele usa o método da resolução em sua filosofia política para entender o Estado. Essa resolução revela a ele o princípio fundamental de que os seres humanos necessitam ser coagidos a um comportamento lícito para que convivam pacificamente. Esse princípio, que é "conhecido pela experiência" e "por ninguém negado", é a fundação da ciência política de Hobbes. Hobbes necessariamente deduz que esse princípio é verdadeiro no sentido de que ele descreve acuradamente a realidade da natureza humana?

Passagem 6

Com relação ao meu método, pensei não ser suficiente usar um estilo plano e evidente no que eu tenho que apresentar, a não ser que eu tomasse meu começo da própria matéria do governo civil e daí procedesse à sua geração e forma e ao primeiro princípio da justiça. Porque tudo é melhor entendido de acordo com suas causas constitutivas. Porque como em um relógio, ou algum mecanismo pequeno desse tipo, a matéria, a figura e o mo-

> vimento das rodas não podem ser bem conhecidos, a não ser que sejam considerados separadamente e vistos em partes; assim, para fazer uma pesquisa mais cuidadosa sobre os direitos dos Estados e dos súditos, é necessário, digo, não considerá-los em separado, mas como se estivessem dissolvidos; isto é, que corretamente entendamos qual é a qualidade da natureza humana, naquelas coisas em que ela é, e naquelas em que ela não é, apta para constituir um governo civil, e o quanto os homens devem estar de acordo entre si quanto a pretenderem crescer em um Estado bem fundamentado. Tendo, portanto, seguido esse tipo de método, em primeiro lugar, estabeleço um princípio pela experiência conhecido por todos os homens, e por nenhum negado, a saber, que as disposições dos homens são naturalmente tais que, exceto se forem restringidos por meio do medo de algum poder coercitivo, todo homem pode temer e desconfiar um do outro, e como por direito natural ele pode, assim, como por necessidade, ele será forçado a fazer uso da força que tem para a preservação de si mesmo (*Ci* Prefácio 98-99).

Investigação: Qual é a natureza da verdade?

Ao passo que a tarefa de interpretação é importante, ela não deveria ofuscar a tarefa de investigação. Qualquer que seja a real posição de Hobbes acerca da verdade, nós mesmos devemos também investigar sobre a natureza da verdade; devemos não somente perguntar qual a concepção de Hobbes acerca da verdade, mas se sua concepção é correta. Tal investigação levanta as seguintes questões: Quais são os pontos fortes e fracos das duas posições acerca da verdade discutidas até aqui? Uma delas é filosoficamente mais forte? Existem outras opções e, se for o caso, são elas filosoficamente mais fortes? Essas questões serão agora exploradas e ficará para você julgar qual concepção acerca da verdade é a melhor.

A concepção de verdade como correspondência

A concepção de verdade como correspondência, como vimos, declara que uma afirmação é verdadeira se e somente se ela corresponde à realidade, ou acuradamente a descreve. A principal força dessa concepção é encontrada em nosso sentido natural acerca do que significa dizer que alguma coisa é "verdadeira". Por exemplo, parece natural dizer que "a lua gira em torno da terra" é verdadeiro porque, *na realidade*, a lua *de fato* gira em torno da terra. Outro ponto forte da teoria é a suposição de que existe um fato "objetivo" sobre o tema que, quando propriamente conhecido, conduz ao acordo entre as partes conflitantes. Praticamente falando, como o próprio Hobbes insinuou, a verdade nesse sentido poderia resultar em numerosos benefícios práticos, dos quais o mais importante é a estabilidade política. Se existisse uma resposta objetivamente verdadeira para a questão acerca de qual forma de governo é a melhor, os seres humanos poderiam ser capazes de viver em paz e prosperidade. É claro que muitos de nós duvidamos que a verdade possa ser encontrada nas ciências sociais. Ainda assim, parece difícil negar que a ciência natural não tenha progredido em direção à *verdade*, dado que os avanços tecnológicos baseados em tal ciência parecem depender de nossa habilidade para entender a realidade do mundo natural. Nossa habilidade para construir aeroplanos e sermos bem-sucedidos em fazê-los voar, por exemplo, parece depender da *verdade real* sobre aerodinâmica. Tal conhecimento tecnológico não confirma que, para dizer o mínimo, nós compreendemos a verdade sobre alguns aspectos da realidade?

À primeira vista, a teoria da verdade como correspondência parece ter muito ainda a fazer. Reflexão posterior, no entanto, produz algumas questões filosóficas interessantes e difíceis. Primeiro, a qual realidade, ou a de quem, a verdade corresponde? É comumente reconhecido que os indivíduos experienciam a realidade diferentemente. Onde uma pessoa vê uma maçã vermelha, por exemplo, outra pode ver uma maçã verde. Qual é, então, a verdadeira cor da maçã? Talvez, como diz Hobbes, a cor não pertença realmente ao objeto percebido, mas é simplesmente uma experiência na mente de quem a percebe. Nesse caso, portanto, a "verdade" é que a maçã não tem cor alguma. Indo ainda mais longe, podemos dizer que essas maçãs são simplesmente coleções de minúsculas partículas físicas em movimento. Mas, se esse é o caso, então uma maçã não tem qualquer das características normalmente atribuídas a ela. Assim, na verdade, maçãs não são vermelhas, nem redondas, nem crocantes, nem doces e assim por diante. Segue-se disso que quase nenhuma das verdades que aceitamos no dia a dia corresponde à realidade. Outra dificuldade surge do fato de que algumas afirmações parecem ser verdadeiras mesmo que não correspondam à realidade. Por exemplo, não é verdadeiro dizer "uma figura com vinte milhões de lados tem mais do que dez lados"? E se não existe figura alguma com tantos lados? A afirmação não é de qualquer modo verdadeira? Essas questões apresentam sérias dificuldades para os adeptos da concepção da verdade como correspondência.

A concepção de verdade como convenção

A concepção de verdade como convenção, como explicitamente defendida por Hobbes, sugere que a verdade é simplesmente uma característica da linguagem. Uma afirmação é verdadeira se existe um tipo específico de relação entre seus nomes. De acordo com Hobbes, se o sujeito é "compreendido" pelo predicado, então a afirmação é verdadeira. Por exemplo, "todas as maçãs são frutas" é verdadeiro porque a palavra "fruta" inclui, ou compreende, a palavra "maçã", à medida que qualquer coisa que é chamada maçã é também chamada fruta. Assim, a verdade não é baseada em uma relação entre as palavras "maçã" e "fruta" ou entre maçãs verdadeiras e fruta. Em vez disso, a verdade é determinada simplesmente pelo significado dos termos. Uma maçã, por definição, é um tipo de fruta. Porque essa teoria sustenta que a verdade é linguística, então, alguns dos problemas associados à concepção de verdade como correspondência podem escapar. Por exemplo, não existe questão acerca de como afirmações verdadeiras correspondem à realidade, porque, para repetir as palavras de Hobbes, "a verdade consiste no discurso e não nas coisas das quais se fala" (*Co* 3.35). É verdadeiro que uma "maçã é redonda", em outras palavras, se concordamos quanto aos significados de "maçã" e "redondo". Além disso, é verdadeiro que "uma figura de um milhão de lados tem mais do que dez lados", porque sabemos que "uma figura de um milhão de lados" é, por definição, uma "figura com mais do que dez lados".

O ponto fraco evidente da teoria da verdade como convenção parece ser que ela torna a verdade uma questão completamente subjetiva. É verdadeiro que a lua gira em torno da terra simplesmente porque nós acordamos isso? Além disso, por que as pessoas acordariam essa afirmação se, de algum modo, ela, de fato, não descreve a própria realidade? Se acordarmos que 2 + 4 = 7, isso tornaria a afirmação verdadeira? Parece existir, em outras palavras, uma completa falta de objetividade nas alegações de verdade, de acordo com essa teoria. A teoria da verdade como convenção também parece ser autodestrutiva porque, se ela fosse "verdadeira", não teria validade objetiva alguma. Podemos perguntar, por exemplo, se a teoria da verdade como convenção é ela própria "verdadeira". Se ela for verdadeira, então parece ser verdadeira simplesmente para aqueles que estão de acordo com ela. Se ela é falsa, então obviamente não é a teoria certa da verdade. Outro ponto fraco importante da teoria da verdade como convenção é sua falha em fornecer uma boa razão para aceitarmos uma determinada afirmação como verdadeira. Ela parece, em outras palavras, tornar a aceitação de uma alegação de verdade uma decisão arbitrária baseada em puro capricho. Por que eu deveria aceitar como verdadeira a afirmação "a lua gira em torno da terra"? A teoria da verdade como convenção não fornece resposta alguma a essa questão.

A teoria da verdade como coerência

A teoria da verdade como coerência declara que devemos aceitar uma afirmação como verdadeira porque ela "combina" com nosso sistema de crenças e experiências. A teoria sugere que desistamos da noção de "correspondência à realidade" porque ela não leva em consideração muitas "verdades" comumente aceitas, tais como aquelas fundadas na Matemática e na Geometria. Em vez disso, adeptos dessa teoria sugerem que deveríamos focar nas razões pelas quais possuímos crenças. Semelhante à teoria da verdade como convenção, a teoria da verdade como coerência sugere que a verdade é realmente uma questão de aceitação ou acordo. Ela aperfeiçoa a teoria da verdade como convenção fornecendo uma razão para aceitar uma determinada afirmação, ou seja, a de que ela "combina" com nossas outras crenças. A afirmação "a lua gira em torno da terra" deveria ser aceita como verdadeira porque ela combina com outras crenças que temos, por exemplo: que a lua é um corpo celestial, que existe uma atração gravitacional entre a terra e a lua, que a lua é menor que a terra e assim por diante. Além disso, essa teoria sugere que nós também usamos nossas experiências para aceitar alegações de verdade. De acordo com nossa experiência, maçãs são vermelhas (na maioria dos casos), assim, é aceitável para nós acreditar que "maçãs são vermelhas". Se, no entanto, temos boas razões para negar nossas experiências, então podemos não aceitar certas afirmações na base da experiência. Se, por exemplo, eu acredito que sou daltônico, então talvez eu possa aceitar a alegação de que maçãs são vermelhas, ainda que pessoalmente não as veja como vermelhas. A teoria da verdade como coerência muda a questão de "minhas afirmações correspondem à realidade?" para "quais razões eu tenho para aceitar afirmações como verdadeiras?".

A teoria da verdade como coerência também tem seus pontos fortes e fracos. Ela compartilha um desses pontos fortes com a teoria da verdade como convenção; ela evita toda a problemática envolvida em tentar determinar o significado da "correspondência à realidade". No entanto, ela tem a força adicional de fornecer uma razão para "aceitar" certas verdades. A teoria da verdade como convenção, como vimos, não fornece razão alguma pela qual uma afirmação devesse ser aceita como verdadeira em detrimento de outra. Para a teoria da verdade como coerência, uma afirmação ou crença deveria ser aceita se ela combina com todas as nossas outras crenças. Seu ponto mais fraco é que ela não pode fornecer um bom critério para decidir entre dois sistemas de crenças que são inconsistentes entre si, mas internamente coerentes. Parece que eu poderia, por exemplo, ter uma concepção consistente e coerente do universo que afirma que minha experiência do mundo é controlada por extraterrestres. A coerência é a única condição para a verdade? Se for, então parece difícil escolher entre diferentes sistemas de crenças.

A teoria pragmática da verdade

A teoria pragmática da verdade, como a teoria da verdade como coerência, sugere que foquemos nas razões para aceitar afirmações como verdadeiras, em vez de tentar determinar se afirmações descrevem acuradamente a realidade. O critério para essa teoria, no entanto, não é apenas a *coerência*, mas a *praticabilidade*. Para os pragmatistas, deveríamos aceitar crenças como verdadeiras fundamentalmente porque elas provam ser úteis. Obviamente, verdades derivadas de nossas experiências comuns são muito úteis porque elas permitem a navegação pelo mundo e a comunicação entre nós. A verdade sobre a gravidade, por exemplo, permite-nos prever que objetos cairão quando não forem segurados. A afirmação "a caixa cairá se você a soltar" é uma verdade aceita que funciona bem para nós. Isso não significa que a gravidade existe *realmente*? Para o pragmatista, essa é uma questão inútil que não necessita ser levantada. É claro que toda evidência de nossas experiências apontam para a existência de uma força gravitacional, e assim, aceitá-la como verdadeira é perfeitamente razoável. A teoria pragmática da verdade compartilha as mesmas forças e fraquezas básicas da teoria da verdade como coerência. No entanto, ela fornece uma razão adicional para aceitar certas afirmações como verdadeiras. Assim, se ficarmos empacados entre dois sistemas inconsistentes de crenças, o pragmatista nos dirá para escolhermos aquele que é mais útil na prática. Se essa é uma resposta satisfatória, vou deixar para você decidir.

Conclusão

Neste capítulo, o sumário da epistemologia de Hobbes revelou que ele sustenta as seguintes crenças sobre conhecimento e verdade: (1) o valor do conhecimento repousa fundamentalmente em sua aplicação pragmática; (2) a origem do conhecimento é a experiência sensível; (3) o conhecimento filosófico é adquirido por um ato da razão; (4) o método apropriado de investigação filosófica envolve o método resolutivo-compositivo; (5) a demonstração científica deve ser fundada em proposições universais e verdadeiras; e (6) a verdade é uma característica das proposições. Após o sumário, foi apresentado um conflito interpretativo sobre a teoria da verdade de Hobbes. Como vimos, parece haver evidência de que Hobbes adere a duas teorias da verdade incompatíveis: a teoria da verdade como convenção e a teoria da verdade como correspondência. A última seção do capítulo iniciou uma investigação da natureza da verdade apresentando quatro teorias da verdade concorrentes: a teoria da verdade como correspondência (a verdade das proposições revela fatos sobre o mundo); a teoria da verdade como convenção (proposições verdadeiras são tornadas verdadeiras por acordo); a teoria da verdade como coerência (proposições verdadeiras são aquelas que combinam com nossas outras crenças); e a teoria pragmática da verdade (proposições verdadeiras são úteis).

3
A metafísica de Hobbes

A Metafísica é o ramo da Filosofia que levanta as questões fundamentais sobre a natureza e a existência humana: Qual é a natureza da realidade? A realidade é física, espiritual, ou ambas? Qual é a relação entre a mente e o corpo? As ações humanas são livremente escolhidas ou são determinadas por fatores causais, para além do controle direto de uma pessoa? Os seres humanos são egoístas por natureza? Neste capítulo, vamos investigar respostas de Hobbes a numerosas questões metafísicas. Para muitos filósofos, incluindo Hobbes, ideias metafísicas têm um impacto dramático sobre suas concepções em outras áreas da Filosofia. Por exemplo, se soubéssemos que os seres humanos são egoístas por natureza, isso provavelmente afetaria nossa concepção sobre a melhor forma de arranjo político. Ou, para tomar outro exemplo, se a reflexão filosófica nos conduz às conclusões metafísicas de que a alma humana não existe e de que não existe vida após a morte, isso provavelmente teria um impacto em nossas opiniões relativas ao valor dessa vida. A primeira seção deste capítulo sumariza os principais elementos da metafísica de Hobbes. Como vimos, Hobbes se vincula à concepção materialista, que considera a realidade nada mais do que corpos físicos se movendo de acordo com leis científicas estritas. Mesmo o comportamento humano, diz Hobbes, está submetido ao sistema da causalidade, que governa o mundo natural. Além disso, seres humanos fundamentalmente nada são senão corpos materiais cujas mentes ou almas são também materiais. Na segunda seção, serão apresentadas interpretações concorrentes de Hobbes acerca do egoísmo. Será questionado se Hobbes se vincula ao egoísmo psicológico, uma posição filosófica que sustenta que todas as ações humanas são egoisticamente motivadas. Como pode ser esperado, existem duas respostas diferentes para essa questão, tendo ambas alguma base nos textos de Hobbes. Na terceira seção, vamos investigar a natureza da mente. A mente é uma entidade física, ou ela existe em seu próprio domínio? Para começar a investigação dessas questões, vou apresentar a concepção de René Descartes acerca da relação corpo e mente. Descartes foi um contemporâneo de Hobbes que discordava da sua concepção materialista da mente. Após examinar ambas as concepções, você pode decidir por você mesmo qual delas é a mais forte.

Sumário: A metafísica de Hobbes

Materialismo mecanicista

O pensamento de Hobbes sobre a natureza da realidade foi muito influenciado pela orientação científica de sua época. Galileu e outros cientistas substituíram o modelo "teleológico" do universo, de Aristóteles, por um novo modelo mecânico. Aristóteles explica os movimentos ou mudanças do universo por referência às "causas finais". Uma causa final é o fim ao qual as coisas se destinam. De acordo com o modelo de Aristóteles, todo ente natural tem um *télos*, ou propósito, a que aspira. "Corpos pesados", para usar um dos exemplos de Hobbes sobre as causas de Aristóteles, "caem em direção ao chão como resultado de um apetite para o repouso e para a conservação de sua natureza naquele lugar que é o mais próprio para eles" (*L* 2.87). Objetos inanimados, em outras palavras, retornam à terra quando soltos no ar porque seu estado natural é o do repouso. Hobbes acredita que esse modelo de movimento natural envolve uma falsa atribuição dos desejos humanos aos objetos naturais. "Porque os homens mensuram não somente outros homens, mas todas as outras coisas, por si mesmos", diz Hobbes, "e porque eles se encontram sujeitos, por causa do movimento, à dor e ao cansaço, eles pensam que tudo o mais se acautela contra o movimento, buscando o repouso por sua própria vontade" (*L* 2.87). O modelo mecânico, em contrapartida, considera o mundo natural como se fosse um mecanismo, em vez de um sistema teleológico ou intencional. De acordo com esse modelo, movimento e mudança são o resultado da causalidade eficiente, que está mais próxima do significado da causalidade hoje. As causas eficientes de um determinado evento, simplificando, são as forças e condições prévias que o produzem. Por exemplo, a gravidade é uma causa eficiente de uma pedra caindo em direção à terra quando solta. De acordo com Hobbes, todas as coisas no universo, incluindo os seres humanos, são basicamente máquinas projetadas pelo Grande "Artífice", i.e. Deus. Enquanto o modelo aristotélico usa motivos humanos para entender os movimentos dos objetos naturais, o modelo de Hobbes usa a máquina para entender a vida humana. "Por que o que é o *coração*", pergunta Hobbes, "senão uma *mola*; e os *nervos*, senão várias *cordas*; e as *articulações*, senão várias *rodas* dando movimento ao corpo todo, tal como foi intentado pelo Artífice?" (*L* Introdução 81). Além disso, o modelo de Hobbes (que foi compartilhado por outros filósofos contemporâneos como Descartes) inclui a ideia de que o movimento, em vez do repouso, é o estado natural dos entes. "Quando tão logo um corpo esteja em movimento", diz Hobbes, "ele se move (ao menos que outra coisa o impeça) eternamente" (*L* 2.88). O modelo mecânico de Hobbes é acompanhado por uma concepção materialista do universo; um materialista argumenta que somente corpos materiais existem. O universo é simplesmente o "agregado de todos os corpos", de acordo com Hobbes, e, portanto, "não existe parte real alguma dele que não seja também um corpo" (*L* 34.428). A ideia de substâncias incorpóreas, tais como almas ou espíritos, é completamente incompreensível para Hobbes, porque as substâncias são corpóreas por definição. "Substância e corpo significam a mesma coisa", diz ele, "e, portanto, '*substância*' e '*incorpórea*' são palavras que, quando estão agrupadas, destroem-se, como se um homem dissesse um '*corpo incorpóreo*'" (*L* 34.428). A realidade, de acordo com Hobbes, não é senão corpos em movimento.

Nominalismo

Hobbes se vincula à doutrina filosófica conhecida como nominalismo, que afirma que a realidade é composta somente por entidades individuais[10]. Essa doutrina é melhor entendida por contraste com as posições filosóficas do realismo e conceptualismo (devemos notar que o "realismo" tem outros significados filosóficos que não estão relacionados a esse específico tipo de realismo). De acordo com o realismo, as propriedades comuns, tais como o azul, têm uma existência real. Por exemplo, o realista afirmaria que dois objetos azuis compartilham a propriedade comum *azul*, que é uma propriedade que genuinamente existe. O realista também afirma que relações entre objetos genuinamente existem. Por exemplo, se o objeto A é mais largo que o objeto B e o objeto C é mais largo que o objeto D, então a relação entre A e B é a mesma relação existente entre C e D. Os realistas são geralmente divididos em platônicos (que acreditam que propriedades universais ou relações entre objetos existem independentemente de objetos particulares) e aristotélicos (que acreditam que os universais existem nos objetos particulares). Em ambos os casos, a afirmação fundamental do realista é a mesma: os universais existem. O conceptualismo, em contraste, afirma que os universais têm existência apenas na mente. Por exemplo, o termo universal "cachorro" se refere a um conceito em nossa mente que é construído por abstração das qualidades comuns da experiência de numerosos cachorros. Em outras palavras, um conceptualista nega a experiência de essências reais e aceita a presença de um conceito universal na mente. Os nominalistas, em contraste com ambos, realistas e conceptualistas, afirmam que os universais simplesmente não existem. Embora possamos usar nomes universais, tais como "cachorro", não existe, contudo, tal coisa como um "cachorro universal", na realidade ou na mente. Um nome universal, de acordo com o nominalista, não se refere a uma entidade universal, mas a uma coleção de

---

10. Para saber mais sobre nominalismo em Hobbes, cf. CALLAGHAN, 2001.

indivíduos. A palavra "cachorro", por exemplo, não se refere a um cachorro "universal", mas à coleção de todos os cachorros individuais. Hobbes critica os filósofos realistas que afirmam que nomes universais se referem a coisas reais.

> Essa universalidade de um nome para muitas coisas foi a causa de os homens pensarem que as coisas elas mesmas são universais e seriamente contenderem que salvo Pedro e João, e todo o resto dos homens que estão, estiveram, ou poderão estar no mundo, existe, todavia, alguém outro que chamamos homem, viz. [(a saber)], homem em geral; ludibriando a si mesmos ao tomar o universal, ou a denominação geral, pela coisa que ela significa (*El* I.5.6).

Hobbes também rejeita o conceptualismo quando ele critica os filósofos que "dizem que a ideia de qualquer coisa é universal, como se pudesse existir na mente uma imagem de um homem que não fosse a imagem de algum homem singular, mas um homem simplesmente, o que é impossível; porque cada ideia é uma e somente uma coisa" (*Co* 5.60). Se eu tenho a ideia de "homem" em minha mente, em outras palavras, eu não tenho uma imagem da humanidade em geral em minha mente, mas uma imagem específica de um homem individual. "Esta palavra *universal*", diz Hobbes, "nunca é o nome de coisa alguma existente na natureza, nem de qualquer ideia ou quimera formada na mente, mas sempre o nome de alguma palavra ou nome" (*Co* 2.20).

Problema desconcertante: O problema das "similitudes"

De acordo com o nominalismo de Hobbes, tudo o que existe é individual e singular. A despeito dessa afirmação, Hobbes parece admitir que certas coisas compartilham qualidades ou "similitudes" comuns. No *Leviathan*, por exemplo, Hobbes diz que "um nome universal é imposto sobre muitas coisas por sua similitude com alguma qualidade ou outro acidente" (*L* 4.103). Assim, a palavra universal "azul" poderia ser aplicada à cadeira azul e à mesa azul porque ambas são azuis.

De acordo com um estudioso de Hobbes, isso significa que um "nome comum se estende a novos objetos, não arbitrariamente, mas de acordo com tais semelhanças objetivas"[11]. O problema é que a existência de propriedades comuns como "azul" parece ser inconsistente com a afirmação de que tudo é individual e singular. Se, por exemplo, "azul" é aplicado a dois objetos, então eles têm a *mesma propriedade*. Mas se o nominalismo é verdadeiro, como pode a *mesma propriedade* existir em dois diferentes lugares? Existe, para Hobbes, algum modo de contornar esse problema?

A mecânica do comportamento humano

Hobbes usa um modelo mecânico para explicar não somente os vários movimentos e mudanças do mundo natural, mas também as ações humanas involuntárias e voluntárias[12]. Ações involuntárias, tais como a circulação do sangue através do corpo, ocorrem sem pensamento ou reflexão. Esses "movimentos vitais", diz Hobbes, continuam ininterruptos por toda a vida. Ações voluntárias, às quais ele se refere como "movimentos animais", são precedidas por uma intenção na mente. Esses movimentos são o resultado final de uma longa cadeia de movimentos que começa com a experiência sensível do mundo. Como visto no capítulo 2, Hobbes diz que objetos externos reagem com nossos órgãos dos sentidos e causam "fantasias" (ou noções) na mente. Essas fantasias, diz Hobbes, finalmente nos conduzem a certos "esforços", que são os "pequenos princípios do movimento, dentro do corpo de um homem, antes que eles apareçam no caminhar, no falar, no golpear, e outras ações visíveis" (*L* 6.119). Esforços são basicamente inclinações para os objetos, ou para longe deles[13]. Eles são divididos em dois tipos: apetites e aversões. Um apetite

---

11. WATKINS, 1965, p. 107.

12. Para saber mais sobre o papel do mecanicismo na explicação de Hobbes sobre o comportamento humano, cf. KARSKENS, 1982; SARASOHN, 1985.

13. Para saber mais sobre a noção de esforço em Hobbes, cf. SACKSTEDER, 1979.

nos leva a desejar um objeto particular e uma aversão nos leva a evitá-lo. Imagine que eu entre em uma sala e olhe para uma tigela de maçãs sobre a mesa. No início, vou simplesmente ver as maçãs e ter uma imagem delas em minha mente. A seguir, a experiência das maçãs origina a ideia de quão doces elas são. Essa ideia, por sua vez, leva-me a uma sensação de fome. Nesse ponto, um apetite por uma maçã surge e eu desejo comer uma. Finalmente, ajo de acordo com esse desejo e procedo de modo a pegar uma maçã da tigela e comê-la. Nesse caso, a experiência das maçãs ocasionou em mim o desejo de comer uma. É claro que a mesma experiência poderia levar você a ter uma aversão se, por exemplo, você não gostasse de maçãs.

"Deliberação" é o processo de decidir agir de acordo com apetites e aversões. Quando uma pessoa delibera, diz Hobbes, ela pesa os vários apetites e aversões para determinar que ato, dadas as circunstâncias específicas, produzirá o maior "bem" para ela (*L* 6.127). Imagine que eu esteja numa festa e estou começando a sentir muita fome. O dono da festa está servindo apenas torta, biscoitos e sorvete. Quando eu vejo a comida pela primeira vez, os biscoitos me apetecem e os vejo como "bons". A seguir, no entanto, surge a ideia de que eu deveria estar comendo mais do que doces. Então penso sobre as consequências negativas de quando eu como somente doces no jantar. Começo a pensar que seria "bom" para mim se eu não comesse coisa alguma. Mas então minha fome se faz notar novamente. Pelo próximo minuto, várias ideias e desejos vêm e vão. Finalmente, o apetite pelo biscoito é mais forte que minha aversão a ele e então eu o como. Devemos notar que todo esse processo, para Hobbes, não é realmente controlado pelo nosso livre-arbítrio; é simplesmente o resultado de um processo mecânico de vários desejos lutando um contra o outro em minha mente. No fim, um dos desejos se torna o mais forte e conduz a uma ação. "Apetites e aversões, esperanças e medos, concernindo a uma e mesma coisa", diz Hobbes, "surgem alternadamente, e diversas boas e más consequências do fazer, ou omitir, a coisa proposta, mostram-se sucessivamente" (*L* 6.127). O que surge e o que não surge, em outras palavras, não é controlado pela mente, simplesmente acontece: ninguém escolhe, por exemplo, ficar com fome. Enquanto muitos filósofos diriam que deliberação é exercida por meio do livre-arbítrio, Hobbes discorda. De acordo com Hobbes, a vontade é simplesmente o "último apetite, ou aversão, imediatamente aderindo à sua ação ou omissão" (*L* 6.127). Assim, a própria vontade não é mais que o apetite ou aversão final no momento prévio à realização do ato. A vontade, em outros termos, não decide com qual apetite ou aversão agir de acordo, mas ela própria é um apetite ou aversão causada por fatores para além do controle da consciência.

A descrição mecanicista de Hobbes da ação humana anda de mãos-dadas com a teoria conhecida como "egoísmo psicológico". De acordo com essa teoria, todas as ações humanas são motivadas por um desejo egoísta de promover nosso próprio benefício, nosso próprio "bem". A teoria nega a possibilidade do altruísmo, a de que atos não egoístas sejam possíveis. O egoísta psicológico justifica qualquer aparência de altruísmo na ação humana por referência a desejos egoístas subjacentes. Por exemplo, os atos de bondade de Madre Teresa para com outros, de acordo com o egoísta psicológico, eram fundamentalmente motivados por seu próprio desejo de ser amada, ou de ser elogiada, ou coisa que o valha. Hobbes parece aceitar o egoísmo psicológico quando afirma que todos os seres humanos necessariamente desejam seu próprio bem, especialmente o bem da autopreservação: "Porque cada homem é desejoso daquilo que é bom para ele e se esquiva do que é mau, mas, sobretudo, do mais importante dos males naturais, que é a morte" (Ci 1.115). Será discutido na seção Interpretação do presente capítulo, se a aceitação do egoísmo psicológico, por parte de Hobbes, é genuína. O conceito do "bem" será posteriormente tratado no próximo capítulo.

A concepção de Hobbes acerca da natureza humana é posteriormente desenvolvida quando trata do "poder". De acordo com Hobbes, poder é o meio que uma pessoa usa para promover o seu próprio bem. Visto que nós naturalmente desejamos o "bem", segue-se que nós também desejamos poder. "Eu postulo uma inclinação geral de toda espécie humana", diz Hobbes, "um desejo perpétuo e incansável de poder e mais poder, que cessa somente com a morte" (*L* 11.161). A influência da concepção mecânica de Hobbes acerca da natureza é claramente vista em seu conceito de poder. O apetite por poder, como todos os tipos de movimento no universo, fica em movimento. De fato, esse apetite aumenta do mesmo modo que aumenta o movimento inercial de corpos em queda: "Porque a natureza do poder é, nesse ponto, como a fama, aumentando enquanto prossegue; ou como o movimento dos corpos pesados, que, quanto mais longe vão, mais aceleram" (*L* 10.150). Em relação à vida humana, portanto, o desejo humano por poder não só é natural como aumenta à medida que os indivíduos conquistam mais poder. Com mais poder, indivíduos têm aumentada a habilidade para satisfazer seus próprios apetites e com isso aumentar o "bem" que chega a eles.

Compatibilismo

Embora Hobbes negue a existência do livre-arbítrio, ele ainda abre um espaço para a liberdade humana em um mundo determinado. Hobbes se vincula à teoria filosófica conhecida como "compatibilismo". Os compatibilistas procuram encontrar um meio-termo entre os dois extremos do debate sobre o livre-arbítrio. De um lado desse debate estão os filósofos *libertários*, que afirmam que a posse do livre-arbítrio permite aos seres humanos escolherem um curso de ação em detrimento de outro. É claro que existem limites para nossa liberdade porque nossa vontade é às vezes impedida por fatores incontroláveis. Apesar disso, para o libertário, o futuro está aberto porque nem todas as escolhas são forçadas. Os deterministas, por outro lado, afirmam que todas as ações, no fim das contas, são determinadas por causas para além do controle de um indivíduo; liberdade, para o determinista, é uma ilusão confortante. Assim, por exemplo, suponha que eu esteja cogitando sobre se devo ou não aceitar uma nova oferta de trabalho. Enquanto delibero sobre esta decisão, considero muitas das possíveis consequências positivas e negativas. De acordo com o libertário, quando tomo a decisão final, eu não estou determinado a escolher seja uma opção, seja outra. Em vez disso, a escolha é feita por um ato de vontade que ocorre fora do domínio da causalidade necessária. Por outro lado, o determinista diria que minha decisão, qualquer que ela venha a ser, não poderia ter sido de outro modo. Eu estava determinado, por fatores fora do meu controle imediato, a fazer a escolha específica que fiz. Minha vontade, em outras palavras, foi determinada a escolher uma ação específica. Compatibilistas, tais como Hobbes, afirmam que muitas ações humanas são simultaneamente livres e determinadas. Essa pode parecer ser uma afirmação intrincada, mas reflexão posterior sugere que ela não é tão intrincada assim. De acordo com Hobbes, a liberdade não é senão a "ausência de impedimentos externos" (*L* 14.189). Em outras palavras, se uma pessoa não está fisicamente coagida por uma força externa, tal como correntes ou uma cela de prisão, então essa pessoa está em liberdade para agir como quiser. A vontade de tal pessoa, todavia, está submetida à *necessidade*, porque a vontade é simplesmente um apetite causado por uma série de movimentos fora do controle consciente da pessoa. Os seres humanos, portanto, tanto podem ser livres como determinados, ao mesmo tempo. Nas palavras de Hobbes:

> *Liberdade* e *necessidade* são consistentes. Assim como ocorre com a água, que não tem somente liberdade, mas uma necessidade de descer pelo canal, ocorre com as ações que os homens realizam voluntariamente, e que procedem da liberdade (porque eles procedem a partir de sua própria vontade), pois – dado que todo ato de vontade do homem e todo desejo e inclinação procedem de alguma causa, e essa, de outra causa – tais causas, em uma cadeia contínua (cujo primeiro elo é a mão de Deus, a primeira de todas as causas), procedem da *necessidade* (*L* 21.263).

Interessantemente, as noções de Hobbes sobre liberdade e determinismo são aplicáveis não somente aos seres humanos, mas também aos objetos não vivos. Como no exemplo acima, a água tem a *liberdade* de correr ao longo de um canal, mesmo que ela assim o faça por *necessidade*. Como veremos no capítulo 4, o compatibilismo de Hobbes tem implicações morais desconcertantes.

A natureza da mente

Quando se trata da natureza da mente humana, Hobbes afirma que ela pertence ao mesmo domínio da realidade que os corpos materiais. A concepção de Hobbes sobre a mente é parte integrante de uma posição filosófica conhecida como *monismo metafísico*, de acordo com o qual a realidade contém somente um tipo de substância. Como vimos, Hobbes é um materialista, assim, o único tipo de substâncias existentes são corpos materiais. Em sua opinião, a mente é "redutível" a um processo corpóreo de movimentos internos. A "mente", diz Hobbes, "não é mais do que movimento ocorrendo em várias partes de um corpo orgânico"[14]. O monismo pode ser contrastado com o *dualismo metafísico*, de acordo com o qual a realidade é dividida em dois tipos de substâncias. Descartes, que foi um forte defensor do dualismo, acreditava que a realidade é constituída por substâncias tanto físicas como mentais. De acordo com Descartes, a mente é metafisicamente distinta do corpo; a mente é uma substância imaterial e o corpo é uma substância material. Embora os dualistas acreditem que as duas substâncias constituam domínios distintos de realidade, eles usualmente afirmam que mente e corpo interagem. Na seção Investigação deste capítulo, vamos investigar mais esses temas, examinando um debate entre Hobbes e Descartes.

Interpretação: Hobbes é um egoísta psicológico ou tautológico?

Nesta seção vamos questionar se Hobbes se vincula ao *egoísmo psicológico* ou ao *egoísmo tautológico*. De acordo com o *egoísmo psicológico*, cada indivíduo é fundamentalmente motivado pelo desejo egoísta de promover seu próprio bem. O egoísmo psicológico afirma que atos altruístas, não egoisticamente motivados, são impossíveis. Alguns, no entanto, podem asseverar que Hobbes se vincula ao *egoísmo tautológico*. O egoísmo tautológico faz a afirmação logicamente verdadeira de que as pessoas desejam o objeto de seu desejo. Nesse caso, um desejo do

14. HOBBES, 1984, p. 126.

indivíduo pode ser fazer o bem para outro por sua própria conta; portanto, atos altruístas são possíveis para o egoísta tautológico. Uma inspeção cuidadosa do texto de Hobbes revela evidência para interpretações conflitantes de seu egoísmo. Ele é um egoísta psicológico ou tautológico? Ou existe uma terceira opção?[15]

Egoísmo psicológico

O egoísmo psicológico faz a forte afirmação de que *todas* as ações voluntárias de *todos* os seres humanos são fundamentalmente motivadas por um desejo de ganho pessoal. Posto em termos negativos, o egoísta psicológico diz que não é possível agir altruisticamente, i.e., agir unicamente pelo bem de outro. Essa posição extrema tenta encontrar um motivo egoísta na raiz de toda ação voluntária. Se, por exemplo, eu dedico minha vida a ajudar os pobres, o egoísta psicológico afirma que eu devo obter algum benefício disso, por exemplo, o elogio que outros podem dirigir a mim. Além disso, esse benefício pessoal é o fator motivador principal, de acordo com o egoísta psicológico. Inicialmente, o egoísmo psicológico parece ser uma teoria persuasiva, especialmente se acreditarmos que os chamados atos "não egoístas" podem trazer um sentimento de prazer àqueles que realizam o ato. Poderia ser razoavelmente afirmado que Madre Teresa era motivada principalmente pelo prazer pessoal que recebia ao ajudar os pobres e necessitados. Todavia, em casos em que um indivíduo desiste de sua própria vida por outro ou em que um indivíduo não está obtendo prazer em atos não egoístas, é muito mais difícil aceitar o egoísmo psicológico. É difícil de discernir, por exemplo, o ganho para um indivíduo que cobre com seu próprio corpo uma granada de mão acionada para salvar a vida de outros. É claro que o egoísta psicológico poderia responder que tal herói está tentando evitar a culpa por não agir. Se tal resposta é razoável, vou deixar para você considerar. Em todo caso, a questão aqui

15. Para saber mais sobre essa questão interpretativa, cf. GERT, 1965a; 1965b; LOTT, 1974.

não é se o egoísmo psicológico é uma posição filosófica convincente, mas se Hobbes deveria ser considerado um egoísta psicológico.

Existem algumas passagens que sugerem fortemente que Hobbes se vincula ao egoísmo psicológico. No *De homine*, por exemplo, Hobbes afirma que a "natureza é de tal modo arranjada que todos desejam o bem para si próprios"[16]. Embora essa passagem sugira o egoísmo psicológico, ela não constitui a evidência mais forte porque ela ainda leva em conta a possibilidade de que seres humanos poderiam agir contra sua natureza. Hobbes, no entanto, parece excluir essa possibilidade no *De cive* quando diz que "todos os homens, por necessidade de natureza, escolhem aquilo que para eles parece ser menos mal" (*Ci* 6.176). Esse ponto é ainda mais claramente expresso e pormenorizado nos *Elements of law*:

> E visto que, como a necessidade da natureza faz os homens quererem e desejarem o *bonum sibi*, aquilo que é bom para eles mesmos, os faz também evitar aquilo que é prejudicial, mas, mais que tudo, aquele terrível inimigo da natureza, a morte, da qual esperamos tanto a perda de todo o poder como o maior dos sofrimentos corporais nessa perda (*El* I.14.6).

Com base em tais passagens, parece razoável concluir que Hobbes aceita o egoísmo psicológico.

Egoísmo tautológico

O "egoísmo tautológico" se refere a uma posição egoísta baseada na "tautologia" de que os indivíduos desejam obter o objeto de desejo. Uma "tautologia" é uma proposição logicamente verdadeira, que, apesar de ser verdadeira, nada revela, de fato, sobre o mundo. Por exemplo, "se está chovendo, então está chovendo" ou "todos os seres humanos são seres humanos" são tautologias. Embora ambas essas afirmações sejam verdadeiras, elas não nos dizem se está realmente chovendo

---

16. HOBBES, 1991b, p. 48.

ou se existem seres humanos, respectivamente. Com relação a Hobbes, poderia ser argumentado que sua definição de "bem" como o "objeto do desejo humano" reduz seu egoísmo a uma concepção tautológica. De acordo com essa interpretação, a cadeia de raciocínio de Hobbes perfaz os seguintes passos:

> *Premissa 1.* Todos os indivíduos desejam seu próprio "bem".
>
> *Premissa 2.* Seu próprio bem é o "objeto de seu desejo".
>
> *Conclusão.* Portanto, todos os indivíduos desejam o objeto de seu desejo.

Se isso representa o argumento de Hobbes, então ele se vincula ao egoísmo tautológico. A afirmação, na conclusão, é uma tautologia que não nos diz mais do que o objeto de desejo é um objeto de desejo. Isso é importante porque o egoísmo tautológico não exclui ações altruístas. Se, por exemplo, eu desejo sacrificar meus próprios interesses pelos de outro, esse sacrifício ainda seria considerado meu "bem" porque é aquilo que eu desejo. Além disso, a posição egoísta tautológica é indiscutível enquanto uma concepção filosófica (embora possa ser objetável como uma interpretação de Hobbes) porque negá-la seria contradizer-se. Não podemos razoavelmente asseverar, em outras palavras, que o objeto de nosso desejo não é objeto de nosso desejo.

A razão fundamental para atribuir o egoísmo tautológico a Hobbes é fortalecer sua posição filosófica política, substituindo uma concepção discutível (o egoísmo psicológico) por uma concepção indiscutível (o egoísmo tautológico). A filosofia política de Hobbes, que será discutida de modo mais completo no capítulo 5, supostamente repousa sobre uma concepção da natureza humana. Se esse é o caso, então ela depende de uma concepção que muitas pessoas considerariam falsa ou altamente questionável. De acordo com adeptos da interpretação de Hobbes pelo egoísmo tautológico, seu argumento político não exige a extrema, e provavelmente falsa, posição do egoísmo psicológico. Em vez disso, a validade do argumento político de Hobbes exige somente o egoísmo tautológico. Para determinar se isso é verdade, teremos que aguardar até inspecionarmos seu argumento político. Por ora, podemos perguntar se os textos de Hobbes garantem essa interpretação. Algumas passagens em Hobbes fornecem apoio para a interpretação egoísta tautológica ou, pelo menos, não a excluem. No *Leviathan*, por exemplo, Hobbes oferece a seguinte definição de bem: "Mas o que quer que seja o objeto do apetite ou desejo de qualquer homem, o que importa é que a isso ele, da sua parte, chama bom" (*L* 6.120). Não existe coisa alguma nessa definição que exija que o bem inclua qualquer tipo de benefício pessoal ao indivíduo concernido. Umas poucas páginas adiante, Hobbes fornece um apoio mais forte para essa interpretação quando define "benevolência" como o "desejo do bem ao outro" (*L* 6.123). Essa definição sugere que seres humanos podem desejar o bem de outro.

Passagens fundamentais a considerar

Hobbes é um egoísta psicológico ou tautológico? Nesta seção, apresento e comento passagens fundamentais importantes para ajudar você a tomar sua própria decisão interpretativa. Após inspecionar uma parte da evidência textual, você mesmo pode tomar uma decisão. Você pode, no entanto, decidir pospor sua decisão final nesse tema até que filosofia moral e política de Hobbes tenham se tornado familiares a você. Ao passo que evidência direta é importante para chegar a uma interpretação da posição de um filósofo, é também importante para você considerar o contexto mais amplo. Que papel desempenha a concepção de natureza humana de Hobbes em sua filosofia moral e política? O egoísmo psicológico é um componente necessário em seu sistema filosófico? À medida que você ler os próximos capítulos, você poderá querer considerar essas questões. Por ora, uma inspeção cuidadosa de passagens específicas é um modo apropriado pelo qual começar.

Comentários e questões à passagem 1

Na seguinte passagem do *Leviathan*, Hobbes pormenoriza o conceito de poder, que ele definiu antes como o "meio para obter algum bem aparente futuro" (*L* 10.150). Se *todas* as pessoas desejam seu próprio bem, então pareceria seguir-se que *todas* as pessoas deveriam desejar os meios para seu próprio bem, i.e., poder. Nessa passagem, no entanto, Hobbes afirma que as pessoas têm uma "inclinação geral" para obter poder. Essa passagem coloca um problema para a interpretação de Hobbes a partir do egoísmo psicológico?[17]

> Passagem 1
>
> Assim, em primeiro lugar, proponho uma inclinação geral de toda espécie humana, um desejo perpétuo e incansável de poder e mais poder, que cessa somente com a morte. E a causa disso não é que um homem sempre espere por um deleite mais intenso do que ele já obteve ou que ele não possa estar contente com poder mais moderado, mas porque ele não pode assegurar o poder e os meios para viver bem, que ele detém no presente, sem a aquisição de mais (*L* 11.161).

Comentários e questões à passagem 2

O egoísmo psicológico afirma que o ganho pessoal é o objeto de todas as ações voluntárias. No caso de Hobbes, o bem mais importante é a autopreservação. Em alguns casos, admite Hobbes, os indivíduos podem desejar a morte. A posição expressa na passagem 2 é consistente com a interpretação de Hobbes a partir do egoísmo psicológico? Além disso, o egoísmo tautológico afirma que o bem é simplesmente o objeto do desejo de um indivíduo. A seguinte passagem coloca isso em questão? Você poderia argumentar, razoavelmente, que a seguinte passagem não exclui ações altruísticas?

> Passagem 2
>
> Além disso, o maior dos bens para cada um é sua própria preservação, porque a natureza é arranjada de tal modo que todos desejam o bem para si

17. Lembre-se: o egoísmo psicológico faz a afirmação universal de que *todas* as ações voluntárias de *todos* os seres humanos são motivadas pelo desejo de ganho pessoal.

mesmos. À medida que esteja dentro de suas capacidades, é necessário desejar a vida, a saúde e posteriormente, à medida que possa ser feito, a segurança do tempo futuro. Por outro lado, embora a morte seja o maior de todos os males (especialmente quando acompanhada pela tortura), os sofrimentos da vida podem ser tão grandes que, a menos que seu fim seja previsível, eles podem conduzir os homens a incluir a morte dentre os bens[18].

Comentários e questões à passagem 3

Como vimos no capítulo 2, Hobbes afirma que uma ciência demonstrável genuína deve começar com premissas universais e verdadeiras. Para que sua ciência da política atinja o *status* de uma ciência genuína, então, ela deve começar com uma afirmação universal e verdadeira. Na passagem seguinte, Hobbes apresenta uma afirmação clara do princípio fundamental de sua filosofia política. Qual interpretação do egoísmo de Hobbes se ajusta melhor a essa passagem e por quê?

Passagem 3

Estabeleço um princípio, conhecido por experiência por todos os homens, e por nenhum negado, a saber, que as disposições dos homens são naturalmente tais que, exceto se forem restringidos por alguma força coercitiva, todo homem temerá e desconfiará do outro; e como por direito natural ele pode, assim por necessidade ele será forçado a fazer uso da força que tem, para a preservação de si mesmo (*Ci* Prefácio 99).

Comentários e questões à passagem 4

O egoísta tautológico, como vimos, afirma que ações altruístas são possíveis. Se, por exemplo, eu obtenho prazer sacrificando meus próprios interesses pelos seus interesses, então o objeto de meu desejo é o autossacrifício; o prazer que eu

---

18. Ibid., p. 48-49.

obtenho não é o fator motivador. A seguinte passagem, que oferece um vislumbre da concepção de Hobbes acerca da origem da sociedade, é consistente com a interpretação do egoísmo tautológico?

> Passagem 4
>
> Porque quando nós voluntariamente contratamos a sociedade, procuramos o objeto da vontade, isto é, aquilo que cada um daqueles que se reuniu propõe para si próprio permanentemente. Agora, o que quer que pareça bom é aprazível e está relacionado seja à mente seja aos sentidos. Mas todo prazer da mente é ou ganho ou glória (ou ter uma boa opinião sobre si mesmo) ou se refere à glória no fim; os demais [prazeres] são sensuais ou conduzem à sensualidade, que podem estar todos compreendidos sob a palavra "conveniências". Toda sociedade, portanto, é ou para o ganho ou para a glória; isto é, não tanto para o amor de nossos semelhantes como para o amor de nós mesmos (*Ci* 1.112-3).

Investigação: Qual é a natureza da mente?

A reflexão filosófica sobre a natureza da mente levanta algumas questões interessantes: O que é exatamente a mente? Como mente e corpo interagem? Como a mente está relacionada à alma humana? Como vimos, Hobbes acredita que a mente é redutível aos movimentos físicos que ocorrem no cérebro. Em suas palavras, a mente "não é mais do que movimento ocorrendo em várias partes de um corpo orgânico"[19]. A posição de Hobbes é colocada em questão por Descartes em seu influente trabalho *Meditações sobre a Filosofia Primeira*. Descartes afirma que suas *Meditações* demonstram filosoficamente a imortalidade da alma[20] humana e, em consequência, sua habilidade para existir independentemente do mundo material.

---

19. HOBBES, 1984, p. 126.

20. Devemos notar que Descartes, junto com seus contemporâneos, usava "alma" e "mente" indistintamente.

Um dos associados de Descartes, Marin Mersenne, enviou as *Meditações* para vários filósofos, incluindo Hobbes, e requisitou seus comentários e críticas. Felizmente para nós, temos agora um registro de uma acalorada discussão entre Descartes e Hobbes sobre esse tópico, dentre outros. Nesta seção sumarizo o debate entre Descartes e Hobbes sobre a natureza da relação mente e corpo. Este sumário é primeiramente destinado a fornecer um catalisador para sua própria investigação filosófica sobre a natureza da mente humana.

O argumento de Descartes para o dualismo

Descartes começa suas *Meditações* procurando por uma verdade fundamental que possa ser usada como um ponto de partida para sua busca por conhecimento filosófico. Similarmente a Hobbes, Descartes acredita que qualquer demonstração científica deve ter uma fundação verdadeira e certa. Para encontrar tal fundação, Descartes duvida de qualquer crença que não encontre o padrão de certeza absoluta. Porque ele percebe que seus sentidos algumas vezes o enganaram, Descartes os considera não confiáveis. Dessa constatação, ele conclui que qualquer crença obtida por meio da experiência sensível não pode atingir o nível de certeza absoluta. Descartes aprofunda sua falta de confiança na experiência quando ele afirma que não existem modos definitivos de distinguir entre o estar acordado e o estar dormindo. Isso o conduz à conclusão de que suas experiências podem não revelar a realidade acuradamente. Os "fatos" de que as maçãs são vermelhas, o sol está no céu ou que os seres humanos têm corpos, por exemplo, podem não ser verdadeiros porque todos esses fatos poderiam ser simplesmente parte de um sonho elaborado. Embora defrontado com a possibilidade de que ele possa estar perpetuamente sonhando, Descartes acha difícil duvidar de verdades tais como aquelas fundadas na Matemática e na Geometria. Mesmo que ele esteja constantemente sonhando, pergunta Descartes, não é verdadeiro que 2 x 2 é ainda igual a 4? Para encontrar a razão para duvidar de tais verdades, Descartes sugere a possibilidade de um "demônio maligno de extremo poder e astúcia", cujo único propósito é enganá-lo. Se existisse tal demônio enganador, conclui Descartes, as verdades matemáticas e geométricas que ele considera serem verdadeiras poderiam de fato ser falsas. É claro que Descartes não acredita genuinamente que um enganador mau assim realmente exista, mas sua mera possibilidade sugere que nada pode ser conhecido com absoluta certeza. É nesse ponto em suas meditações que Descartes famosamente descobre uma certeza absoluta, a saber, que ele existe.

> Segue-se agora que eu também não exista? Não: se eu convenci a mim mesmo de alguma coisa, então eu certamente existia. Mas existe um enganador de supremo poder e astúcia que está deliberada e constantemente me enganando. Nesse caso, eu também indubitavelmente existo, se ele está me enganando; e deixe ele me enganar tanto quanto ele possa, ele nunca fará com que eu nada seja enquanto eu pensar que sou alguma coisa[21].

Embora ele possa duvidar da existência de tudo mais, Descartes percebe que é impossível duvidar de sua própria existência – mesmo que exista um demônio mau constantemente enganando-o.

A verdade indubitável de Descartes, então, é que ele existe. Mas o que "ele" é? No passado, ele se considerava um corpo físico. Contudo, porque o conhecimento de seu corpo vem por meio dos sentidos ou porque pode haver um enganador mau, ele não está certo sequer de que seu corpo exista. Por outro lado, ele está certo de que ele existe. Logo, conclui, ele deve ser distinto de seu corpo.

> Portanto, o fato de que eu possa clara e distintamente entender uma coisa tanto como outra basta para me fazer certo de que essas duas coisas são distintas, desde que sejam suscetíveis de serem separadas [...] Assim, simplesmente por saber que eu existo e ver ao mesmo tempo que absolutamente nada mais pertence à minha natureza ou essência exceto que eu sou uma coisa pensante, posso inferir corretamente que minha essência consiste unicamente no fato de que eu sou uma coisa pen-

21. DESCARTES, 1984a, p. 17.

> sante. É verdade que eu posso ter (ou, para antecipar, que eu certamente tenha) um corpo que é muito proximamente unido a mim. Mas, apesar disso, por um lado eu tenho uma ideia clara e distinta de mim mesmo, à medida que eu sou simplesmente uma coisa pensante, não extensa; e, por outro lado, eu tenho uma ideia distinta de corpo, à medida que isso seja simplesmente uma coisa extensa, não pensante. E, consequentemente, é certo que eu seja realmente distinto de meu corpo, e possa existir sem ele[22].

A verdadeira "essência" de Descartes é sua mente, que está conectada ao seu corpo. De fato, Descartes fortalece essa conexão quando ele diz que a mente está "mesclada" com o corpo; a mente e o corpo formam uma "unidade". A despeito do fato de que mente e corpo sejam unidos, Descartes afirma que eles são metafisicamente distintos.

A resposta de Hobbes ao argumento de Descartes

Após ler as *Meditações*, Hobbes respondeu com algumas objeções (16, para ser exato) aos argumentos de Descartes. Por ora, vamos nos concentrar na segunda objeção, que está ocupada com a natureza da mente humana. Como vimos, Descartes argumenta que é impossível para ele duvidar de sua própria existência; do fato de que alguém está pensando, diz ele, pode ser inferido que esse alguém existe. Hobbes aceita essa inferência como válida. Do "fato de que eu sou uma coisa pensante segue-se que eu existo", diz Hobbes, "desde que o que pensa seja alguma coisa"[23]. Hobbes, no entanto, levanta uma objeção à inferência posterior de Descartes, a de que ele seja uma "mente".

> Mas quando o autor acrescenta, "isto é, eu sou uma mente, ou inteligência, ou intelecto, ou razão", uma dúvida surge. Não parece ser um argumento válido dizer "eu estou pensando, portanto, eu sou um pensamento" ou "eu estou usando meu intelecto, por conseguinte, eu sou um intelecto".

22. Ibid., p. 54.
23. Ibid., p. 122.

> Posso igualmente apenas dizer "eu estou caminhando, portanto, eu sou uma caminhada"[24].

O que Descartes está fazendo, diz Hobbes, é "identificar a coisa que entende com o intelecto"[25]. Em outras palavras, Descartes está invalidamente atribuindo as qualidades da atividade à entidade que realiza a atividade. Do fato de que a mente tenha pensamentos, por exemplo, não podemos inferir que a mente seja um pensamento ou da mesma realidade que os pensamentos.

Em contraste com Descartes, Hobbes argumenta que a mente, na verdade, depende da existência de um sujeito material.

> É inteiramente certo que o conhecimento da proposição "Eu existo" depende da proposição "Eu estou pensando", como o próprio autor nos explicou. Mas como conhecemos a proposição "Eu estou pensando"? Somente pode ser de nossa inabilidade de conceber um ato sem um sujeito [i.e. alguém realizando o ato]. Não podemos conceber o saltar sem um saltador, o conhecer sem um conhecedor, ou o pensar sem um pensador. Parece que se segue disso que uma coisa pensante seja algo corporal[26].

Hobbes argumenta que é impossível para nós imaginarmos uma ação sem um realizador. Se existe uma coisa que está pensando, pergunta Hobbes, não se segue daí que essa "coisa" é uma coisa corpórea?

Mente: material ou não material

Você pode começar sua própria investigação sobre a natureza da mente humana avaliando os argumentos concorrentes de Descartes e Hobbes. Em sua opinião, de quem é o argumento mais forte? Se você está de acordo com um filósofo ou com o outro, existem dificuldades com ambas as posições. Se você está de acordo com a concepção de Descartes de que a mente não é

24. Ibid.

25. Ibid.

26. Ibid.

física, você se defrontará com a dificuldade de tentar explicar como a mente e o corpo interagem. Embora Descartes acreditasse que a mente interagisse com o corpo por meio da glândula pineal, que é um órgão pequeno no cérebro, ele falhou em fornecer uma resposta real à questão da relação mente e corpo. Simplificando, como uma mente imaterial, que não existe no tempo ou no espaço, afeta ou influencia um corpo físico e vice-versa? Contudo, se você aceita a concepção materialista de Hobbes acerca da mente humana, você se defrontará com uma questão igualmente intrincada: O que significa dizer que nossa mente "não é mais do que" movimentos físicos no cérebro? Faz sentido dizer que uma sensação de felicidade *não é mais* do que um neurônio incitando o cérebro? Não é mais do que isso? Essas são apenas algumas questões para ajudar você a começar uma investigação filosófica sobre a natureza da mente.

Conclusão

Neste capítulo vimos que Hobbes sustenta as seguintes crenças metafísicas: (1) a realidade consiste de "matéria em movimento"; (2) os movimentos dos corpos naturais, incluindo as ações humanas, seguem as leis mecanicistas; (3) somente entidades individuais existem; (4) ações humanas, embora sujeitas a leis necessárias, podem ainda ser livres; (5) a mente não é senão movimentos físicos ocorrendo no cérebro; e (6) os indivíduos desejam naturalmente promover seu próprio bem. Após o sumário dos principais pontos, foi apresentado um conflito interpretativo concernindo à concepção de Hobbes acerca do egoísmo. De acordo com uma interpretação, Hobbes é um egoísta psicológico que acredita que as ações voluntárias de todos os seres humanos são fundamentalmente motivadas por um desejo de ganho pessoal. Em contrapartida, poderia ser também argumentado que Hobbes é um egoísta tautológico que sugere a afirmação logicamente verdadeira de que os indivíduos desejam o objeto de seu desejo. A última seção do capítulo apresenta um debate entre Descartes e Hobbes sobre a natureza da mente humana. Hobbes, como vimos, critica a crença de Descartes segundo a qual a mente e o corpo são metafisicamente distintos.

4
A filosofia moral de Hobbes

A Filosofia Moral levanta questões sobre como os seres humanos devem viver suas vidas: Qual é a natureza da justiça? Temos obrigações morais de realizar certos tipos de ações? Os padrões morais são absolutos ou relativos? Qual é a base da obrigação moral? O que significa dizer que somos obrigados a fazer alguma coisa? Para Hobbes, a Filosofia Moral e a Filosofia Política estão intimamente relacionadas porque, como veremos, a primeira tem consequências sobre a segunda. Portanto, antes que possamos realmente entender a filosofia política de Hobbes, devemos primeiro examinar suas ideias sobre moralidade[27]. Devemos notar, no entanto, que Hobbes usa a expressão "filosofia moral" para cobrir todas as suas reflexões filosóficas sobre a natureza humana. Usando a terminologia atual, algumas das reflexões de Hobbes sobre o comportamento humano seriam melhor caracterizadas como "psicológicas" em vez de "morais". Em outros termos, Hobbes usa "filosofia moral" em sentido muito mais amplo do que aquele utilizado pelos filósofos hoje. Neste capítulo, vamos examinar a filosofia moral de Hobbes, usando o entendimento atual desse termo. Na primeira seção, apresento os principais elementos dessa filosofia. Como veremos, Hobbes parece ser um relativista moral que acredita que não existem padrões naturais para a moralidade. Uma vez que muitas de suas concepções são reveladas em sua descrição do "estado de natureza", uma porção

27. Para uma leitura diferente da que apresentei aqui da filosofia moral de Hobbes, cf. EWIN, 1991.

considerável da primeira seção é dedicada a uma discussão desse estado. Na segunda seção, serão apresentadas interpretações contrastantes do "estado de natureza" e das "leis de natureza" de Hobbes. A principal questão tratada nesta seção é a de se o estado de natureza de Hobbes é um genuíno deserto moral desprovido de padrões naturais de moralidade. O capítulo conclui com uma investigação sobre ideias concorrentes acerca do estado de natureza. John Locke, outro filósofo político inglês do século XVII, apresentou sua própria descrição da vida no estado de natureza, uma descrição que difere em importantes aspectos da de Hobbes. Após examinar as descrições contrastantes de ambos, você poderá decidir por você mesmo de quem é a mais forte.

Sumário: A filosofia moral de Hobbes

Relativismo moral

Hobbes se vincula à posição filosófica conhecida como *relativismo moral*. De acordo com um relativista moral, não existe padrão natural algum pelo qual avaliar o *status* moral de nossas ações. Padrões naturais de moralidade, se eles existem, fornecem um conjunto de regras éticas ou diretrizes que estão em vigor em todos os tempos e em todos os lugares. Por exemplo, muitas pessoas afirmariam que torturar pessoas inocentes sem nenhuma razão seria naturalmente errado em todos os tempos e em todos os lugares. *Realistas morais* admitem a existência de tais padrões. De acordo com o realista moral, certas práticas, mesmo que sejam socialmente aceitas, podem ainda ser imorais. Escravidão, por exemplo, é sempre errada, mesmo que ela seja, ou fosse, uma prática comum. Ao contrário do realista moral, o relativista moral afirma que todos os padrões morais são relativos a um indivíduo particular ou cultura. Portanto, o relativismo moral é dividido em dois tipos: individual e cultural. O *relativismo moral individual* declara que padrões morais são relativos a cada indivíduo. O que é certo e o que é errado são decididos por cada pessoa. O *relativismo moral cultural* declara que padrões morais são relativos a certa cultura, sociedade ou nação.

Interessantemente, Hobbes se vincula a ambas as formas de relativismo. Quando ele considera os indivíduos em isolamento, ele revela seu comprometimento com o relativismo moral. Como vimos, o método de Hobbes o leva a dissolver o Estado e a examinar suas partes (i.e., os seres humanos) em separado antes que ele imaginativamente recomponha o Estado. No capítulo anterior, vimos que o estudo de Hobbes sobre a natureza humana incluiu a concepção de que o "bem" é simplesmente o objeto do desejo de uma pessoa. Dado o fato de que diferentes pessoas desejam diferentes coisas, segue-se que o "bem" muda de pessoa para pessoa. As "palavras 'bom', 'mau' e 'desprezível'", diz Hobbes, "são sempre usadas com relação à pessoa que as usa; nada havendo simples e absolutamente assim" (*L* 6.120). Se eu desejo escravizar outra pessoa para meus próprios propósitos, por exemplo, então a prática da escravidão é "boa" para mim. Em outras palavras, escravidão não é certa nem errada por natureza. O relativismo individual de Hobbes muda para o relativismo cultural quando ele considera os indivíduos como membros de uma comunidade política que fazem acordos entre si para agirem de acordo com as leis. Um "padrão comum de virtudes e vícios", diz Hobbes, "não aparece, exceto na vida civil; esse padrão não pode, por essa razão, ser outro que não as leis de cada Estado"[28]. Para Hobbes, após a formação de Estados civis, as leis de cada Estado definem os padrões de moralidade. Se a escravidão é errada em um Estado particular, então é errada em relação aos cidadãos daquele Estado, mas não absolutamente.

Problema desconcertante: O problema da liberdade e da responsabilidade moral

No capítulo anterior foi discutida a concepção compatibilista de Hobbes acerca da ação humana. De acordo com essa concepção, enquanto um indivíduo não é fisicamente impedido de fazer o que está determinado a fazer, ele é "livre". No entanto, Hobbes também sustenta a concepção determinista de

---

28. HOBBES, 1991b, p. 69.

que a própria vontade é determinada; em outras palavras, as escolhas humanas não são livremente feitas. Aqui, eu gostaria de mostrar como o compatibilismo de Hobbes levanta um problema desconcertante. É comumente aceita a verdade de que os indivíduos deveriam ser considerados moralmente responsáveis somente por aquelas ações sob seu controle. Por exemplo, imagine que um homem beba um refrigerante que, sem seu conhecimento, contenha uma poderosa droga alucinógena que foi colocada na bebida por seu vizinho maldoso. Imagine também que o homem, completamente sob a influência do alucinógeno, comece a atirar nas pessoas enquanto elas passam diante de sua casa. Se esse homem não tem expectativa razoável alguma de que sua bebida contivesse tal droga, deveria ser considerado moralmente (ou mesmo legalmente) responsável por suas ações? Se você responder "não" a essa questão, então você provavelmente aceita o "princípio da responsabilidade". De acordo com esse princípio, a responsabilidade moral de uma pessoa é diretamente proporcional ao nível de liberdade no qual a pessoa agiu. O "nível de liberdade" se refere a quanto controle um indivíduo possui sobre suas ações. No exemplo acima, o homem drogado não escolheu livremente tomar a droga alucinógena. Além disso, não havia expectativa razoável alguma de que o refrigerante contivesse tal droga. Portanto, nesse caso, o nível de responsabilidade do homem é baixo porque o nível de liberdade é baixo. Outros casos mostram que existem vários níveis de liberdade. Por exemplo, imagine uma cadete militar que é ameaçada com expulsão caso ela fale publicamente sobre o assédio sexual que sofreu por parte de seu comandante. A cadete decide ausentar-se sem permissão oficial[29]. A cadete é "livre" nessa situação? Você a culparia moralmente por negligenciar o dever dela? Ou, então, imagine um homem que cuidadosamente planeja um ataque terrorista e então metodicamente o executa. Essas ações não são mais livres do que aquelas do homem drogado e

29. No original, "to go AWOL (absent without leave)"; utilizado especialmente nas forças armadas quando alguém abandona seu grupamento sem permissão [N.T.].

da cadete? Cada um desses exemplos revela diferentes níveis de liberdade.

Um problema surge quando aceitamos, simultaneamente, o princípio de responsabilidade e a concepção de que as ações humanas são determinadas. De acordo com os deterministas, nenhuma ação humana é livremente escolhida; em vez disso, todas as ações são fundamentalmente determinadas por fatores, tais como fatores hereditários ou ambientais, que estão para além de nosso controle imediato. Na concepção de Hobbes, os movimentos físicos ocorrendo no cérebro levam uma pessoa a agir de certos modos. Apesar disso, Hobbes fala como se as pessoas devessem ser consideradas moralmente responsáveis por suas ações. Por exemplo, como veremos no capítulo 6, Hobbes culpa uma variedade de líderes religiosos por participarem da deflagração da Guerra Civil Inglesa. Nesse caso, ele fala como se eles tivessem feito alguma coisa errada. Todavia, se nenhuma ação humana é livremente escolhida, então por que alguém deveria ser culpado (ou elogiado) por qualquer coisa? É claro que alguém pode chamar a atenção para o fato de que Hobbes é tecnicamente um compatibilista, que argumenta que as ações humanas são tanto livres como determinadas. De acordo com essa definição de liberdade, porém, mesmo um rio pode ser "livre". Contudo, nós consideraríamos um rio moralmente responsável por suas ações? A liberdade, no sentido de Hobbes, pode ser usada para justificar a avaliação moral das ações de um indivíduo? Como você pensa que Hobbes poderia responder a esse problema?

Autopreservação: um padrão natural de moralidade?

Alguém pode ser tentado a dizer que a concepção de Hobbes acerca da autopreservação fornece um padrão natural de moralidade, uma vez que todos parecemos ter um desejo natural de evitar a morte. Se fosse o caso de que *todos* os indivíduos desejassem o bem da autopreservação, então ela pareceria ser um bem universal não relativo aos indivíduos. Por duas razões, no entanto, a concepção de Hobbes acerca da autopreservação não fornece um padrão moral universal. Primeiro,

Hobbes não afirma consistentemente que todos sempre acreditamos que a autopreservação é boa. Como vimos no último capítulo, algumas pessoas podem desejar sua própria morte como a melhor de duas ou mais opções. Portanto, a autopreservação nem sempre é um bem. Segundo, mesmo que todas as pessoas desejassem a autopreservação, isso simplesmente nos diria que as pessoas *evitariam* a morte, não que elas *deveriam evitá-la*. A afirmação de Hobbes de que as pessoas desejam a autopreservação, em outras palavras, é *descritiva* e não *prescritiva*. Dizer que alguém tem uma obrigação moral, no entanto, é dizer que esse alguém *deve* perseguir o bem, não simplesmente que alguém *persegue* o bem. Padrões morais *prescrevem* o que devemos fazer, ao invés de *descrever* o que nós de fato fazemos.

O estado de natureza: preliminares

Hobbes é provavelmente mais famoso por sua descrição da vida como "solitária, pobre, desagradável, brutal e curta" (*L* 13.186). Deve ser enfatizado, no entanto, que esses termos se aplicam à vida em um "estado de natureza" e não à vida em um Estado. O estado de natureza é uma situação hipotética na qual não existe lei civil, força policial, sistema judiciário nem poder dominante para manter as pessoas sob controle. Não é uma consideração histórica sobre a vida antes da formação do governo; mais propriamente, ele representa qualquer situação na qual os indivíduos são livres de leis civis e de suas correspondentes punições. Náufragos em uma ilha deserta, por exemplo, poderiam ser ditos existirem em um estado de natureza. Se fossem estabelecidas regras e penalidades, no entanto, eles não estariam mais em tal estado.

O estado de natureza de Hobbes é geralmente interpretado como uma consequência da aplicação de seu método filosófico aos temas morais e políticos[30]. No segundo capítulo, vimos que Hobbes usa um método resolutivo-compositivo para entender os corpos cientificamente. De acordo com esse mé-

30. Para saber mais sobre a relação entre a ciência natural e a filosofia moral de Hobbes, cf. BOONIN-VAIL, 1994; HERBERT, 1989.

todo, um estudo filosófico de um corpo particular começa com uma resolução em seus componentes primários. O próximo passo é estudar as partes individuais em separado. Hobbes então tenta descobrir como as partes se reúnem para formar o todo. Em sua filosofia moral (e política), os passos de sua metodologia são fáceis de discernir. Primeiro, Hobbes resolve o corpo político em suas "partes" (i.e., os seres humanos) e a seguir resolve os seres humanos em suas "partes" (i.e. apetites, aversões e outros "movimentos internos"). Após a resolução estar completa, Hobbes começa sua composição do Estado explicando o comportamento dos indivíduos isolados. Os indivíduos são então unidos no estado de natureza apolítico a fim de estudar como e por que eles se unem para formar um corpo político. A descrição de Hobbes do estado de natureza não somente fundamenta sua filosofia política, mas claramente indica suas concepções morais, porque ela descreve os padrões morais, se existe algum, que existem em uma "condição natural da espécie humana".

Uma das questões mais prementes na filosofia moral é se existem quaisquer padrões morais que se apliquem a todos os indivíduos, sociedades e nações. O conceito de estado de natureza, quando usado como um experimento do pensamento filosófico, fornece um excelente modelo para teorizar sobre padrões morais naturais. Embora Hobbes apresente versões um tanto diferentes do estado de natureza, em seus vários trabalhos sobre Filosofia Política, as ideias centrais permanecem basicamente as mesmas. Aqui, o sumário do estado de natureza, de Hobbes, é baseado no *Leviathan*. Um interessante projeto para sua própria interpretação seria comparar e contrastar as várias descrições dadas nos *Elements of law*, no *De cive* e no *Leviathan*.

Moralidade no estado de natureza

O estado de natureza de Hobbes é basicamente um deserto moral onde tudo vale. Nesse estado, diz Hobbes, "nada pode ser injusto", uma vez que as "noções de certo e errado, justiça e injustiça não têm lugar aí" (*L* 13.188). Em outras palavras, não existem padrões naturais para julgar a moralidade ou imoralidade das ações. O estado de natureza é um vácuo moral, de acordo com Hobbes, principalmente porque ele é um estado de guerra "onde todo homem é inimigo de todo homem" (*L* 13.186). O estado de natureza é dominado pelo conflito por três razões. Primeiro, Hobbes afirma que os indivíduos no estado de natureza são iguais; essa igualdade, combinada com a falta de um dado recurso, conduz a uma situação competitiva, na qual os indivíduos se tornam inimigos. Por "igual", Hobbes não quer dizer que eles sejam exatamente semelhantes em mente ou em corpo. Em vez disso, "igualdade" se refere à habilidade que cada pessoa possui para matar outras. A despeito do fato de que algumas pessoas são "manifestamente mais fortes em corpo" ou "mais argutas", diz Hobbes, "quando tudo é computado junto, a diferença entre um homem e outro não é assim tão considerável", e o "mais fraco tem força para matar o mais forte" (*L* 13.183). Um fracote mirrado, por exemplo, poderia matar um atleta musculoso enquanto esse estivesse dormindo. De acordo com Hobbes, tal qualidade leva ao conflito quando indivíduos simultaneamente desejam um recurso escasso que não pode ser compartilhado. Da "igualdade da habilidade", diz Hobbes, "surge uma igualdade de esperança de obtenção dos nossos fins" tal que, se duas pessoas desejam a mesma coisa, elas "se tornarão inimigas" (*L* 13.184). Em tal situação, todos tentam "destruir ou subjugar" os outros a fim de obter o bem que é desejado (*L* 13.184). Isso conduz ao estado geral de desconfiança, ou o que Hobbes chama "difidência", no estado de natureza. Por causa dessa desconfiança, que Hobbes nomeia como a segunda causa de conflito, algumas pessoas tentarão se defender por meio do uso de ataques preventivos contra seus inimigos. Alguém pode atacar primeiro para prevenir os inimigos de futuros ataques contra si mesmo. Essas duas causas de conflito, competição e difidência são acrescidas de uma terceira: o desejo natural por glória. Os seres humanos naturalmente desejam ser estimados pelos outros e, quando tal estima não é dada, eles estão inclinados a exigi-la à força. De acordo com Hobbes, então, os conflitos no estado de natureza fundamentalmente conduzem a uma guerra total de todos contra todos.

Terminologia moral e estado de natureza

Em sua descrição da vida no estado de natureza, Hobbes usa alguns termos que usualmente contêm conotações morais. Sob inspeção posterior, no entanto, é fácil reconhecer que seu uso de tais termos não implica a existência de padrões morais naturais. Tome, como exemplo, o termo "igualdade". As pessoas geralmente afirmam que a igualdade dos seres humanos fornece uma base para uma reivindicação de direitos morais. Porque somos criados iguais, é geralmente argumentado, temos o direito natural a coisas tais como a vida, a liberdade e a busca da felicidade. Embora Hobbes diga que os indivíduos são iguais no estado de natureza, sua noção de igualdade não contém força moral alguma; ela simplesmente descreve uma habilidade humana efetiva, a saber, a habilidade de matar. Hobbes também afirma que os indivíduos em um estado de natureza possuem um "direito natural" ou "direito de natureza". De acordo com a definição comum desse termo, os indivíduos possuem certo conjunto de direitos morais. Poderia ser argumentado, por exemplo, que indivíduos naufragados em uma ilha deserta possuem o "direito natural" de não serem prejudicados sem justa causa. Uma violação desse direito natural seria *errada*. Em contraposição, Hobbes define direito natural como a liberdade de realizar qualquer ação necessária à autopreservação. De acordo com essa definição, os indivíduos em um estado de natureza *decidem por si mesmos* o que é ou não é exigido para sua própria preservação. Em outras palavras, não existem regras ou diretrizes objetivas para determinar o que é necessário para ficar vivo. Assim, não existem restrições morais para o comportamento humano. O termo "liberdade" usualmente tem conotações morais, assim como os termos "igualdade" e "direito natural". Na filosofia de Hobbes, no entanto, é difícil ver como isso tenha alguma coisa a ver com moralidade. Como vimos no capítulo 3, Hobbes define "liberdade" como a ausência de impedimentos externos. Dizer que sou "livre" ou que estou "em liberdade" não significa senão dizer que eu não estou fisicamente impedido. Nesse sentido, mesmo um rio pode ser "livre". Embora indivíduos no estado de natureza sejam *livres*, *iguais* e possuam *direitos naturais*, portanto, alguém poderia argumentar que eles não possuem quaisquer direitos *morais* nesse estado.

As leis de natureza

Embora Hobbes diga que os conceitos de "certo" e "errado" não tenham função no estado de natureza, ele também diz que existem "leis de natureza" que proíbem ou ordenam certos tipos de ações. O fato de que essas leis se aplicam ao comportamento humano no estado de natureza poderia ser usado para apoiar a interpretação de que Hobbes na verdade aceita a existência de padrões morais naturais. Estudiosos discordam sobre se as leis de natureza deveriam ser interpretadas como leis morais. Esse desacordo será investigado na seção Interpretação deste capítulo. Aqui, será apresentado um sumário das leis de natureza. As "leis de natureza" de Hobbes são centrais não somente para sua filosofia moral como também para sua filosofia política. O sumário a seguir concentra-se nos traços moralmente relevantes.

Como mencionado no capítulo 1, a noção de Hobbes acerca da demonstração científica é inspirada na ciência da Geometria. Nessa ciência, os princípios básicos são estabelecidos e as conclusões são deduzidas deles. A influência da Geometria é claramente vista na dedução das leis de natureza de Hobbes. Hobbes começa definindo seus termos e então tira conclusões de acordo com regras lógicas. Uma lei de natureza, diz Hobbes, é uma regra descoberta por reflexão racional que conduz os indivíduos em direção à autopreservação. Por meio do poder da razão, em outras palavras, os indivíduos no estado de natureza podem descobrir princípios gerais de ação que os ajudarão a evitar a destruição. A primeira lei de natureza, de acordo com Hobbes, diz que toda pessoa deveria se empenhar para estabelecer um estado de paz sempre que possível, mas continuar a lutar se os outros não cooperassem. A primeira lei de natureza apresenta duas partes, a que Hobbes se refere como a "lei fundamental de natureza" e a "soma do direito de natureza". A primeira parte é chamada a "lei fundamental de natureza" porque ela nos guia em direção à realização de nosso desejo natural fundamental, o desejo de nos preservarmos. É claro que, em muitos casos, um pacificador está geralmente sujeito a dano por aqueles que tirarão vantagem dele. Se somente uma pessoa procura a paz e outros não cooperam, então é mais racional ao pacificador abandonar a tentativa e lutar para ficar vivo. Portanto, existe uma necessidade para a segunda parte da primeira lei de natureza, i.e., a "soma do direito de natureza". O "direito de natureza", como já vimos, é a liberdade de fazer o que quer que seja necessário para a autopreservação. Nas situações em que a paz é improvável ou impossível, diz Hobbes, cada pessoa racionalmente descobre que a sobrevivência requer a "ajuda da guerra". Em tais situações, devemos contar com o direito natural de nos protegermos, mesmo que isso signifique permanecer em um estado de guerra.

Outras leis de natureza seguem logicamente, na opinião de Hobbes, da primeira lei. Hobbes acredita que a retenção de direitos naturais é responsável pelas condições belicosas do estado de natureza. Por exemplo, se eu vivesse em estado de natureza, eu teria o direito natural de aprisionar, escravizar ou matar outros se tais ações promovessem minha própria autopreservação. Enquanto eu exercitasse esse direito, portanto, eu continuaria a promover a guerra. A primeira lei de natureza, todavia, declara que devo buscar a paz. Segue-se logicamente que devo "renunciar" a meu direito natural para que seja criado um estado de paz.

De acordo com Hobbes, os indivíduos "renunciam" ao direito de natureza em um dentre dois modos: transferindo ou renunciando. *Transferir* um direito é concedê-lo a outro indivíduo específico. *Renunciar* a um direito é simplesmente desistir de seu direito sem cedê-lo a ninguém em particular. Para estabelecer um estado de paz e por meio disso escapar ao estado de natureza, diz Hobbes, os indivíduos devem, coletivamente, *transferir* seus direitos naturais a um indivíduo, ou a um grupo de indivíduos, que usarão então sua autoridade recentemente concedida para criar leis e um sistema para fazer cumprir aquelas leis. Simplificando, para escapar do estado de natureza, os indivíduos fazem um pacto[31] um com o outro para criar um corpo político que tenha o poder e a autoridade para governá-los.

A terceira lei de natureza, diz Hobbes, exige que os "homens cumpram os pactos feitos" (*L* 15.201). De acordo com Hobbes, um pacto é um tipo de contrato em que uma ou ambas as partes em um acordo particular consentem com a realização de alguma ação em um momento posterior. Por exemplo, se eu der dinheiro para você pintar minha casa amanhã, e você concordar, nós fizemos um *pacto*. Se, porém, eu dou dinheiro a você por seu carro e você imediatamente transfere a posse, então nós fizemos um simples *contrato*. A respeito do pacto político, indivíduos fazem acordo uns com os outros para agirem conforme as futuras decisões do poder soberano. A terceira lei de natureza, então, naturalmente segue da precedente porque as pessoas devem perseverar em seus acordos para que o governo recentemente criado seja efetivado. De acordo com Hobbes, a terceira lei de natureza é a "fonte e origem da justiça" (*L* 15.202). Os conceitos de justiça e injustiça, como já vimos, não são apresentados no estado de natureza. Uma vez que os indivíduos concordam em criar um poder comum, no entanto, certos tipos de ações podem legitimamente ser consideradas justas ou injustas. Mais especificamente, justiça é a prática de agir de acordo com os pactos, ou, para ser mais preciso, pactos válidos. Injustiça é a violação dos pactos válidos. Existem algumas condições que podem invalidar pactos, tais como a suspeita razoável de que a outra parte no acordo pretende se retirar. Em certos casos, portanto, indivíduos estariam justamente aptos a desconsiderar o pacto. Esses casos serão discutidos no capítulo 5. Para os presentes propósitos, é importante notar que a terceira lei de natureza converte um deserto moral "onde nada pode ser justo ou injusto" em um Estado, no qual conceitos morais se aplicam. Por exemplo, no estado de natureza, indivíduos podem legitimamente roubar bens de outros desde que não existam regras proibindo indivíduos de fazer isso. No entanto, uma vez que leis civis, proibin-

31. Os aspectos políticos do pacto serão cobertos no próximo capítulo.

do roubar, sejam estabelecidas, roubar se torna injusto. Até que ponto a terceira lei de natureza, e as outras, criam um genuíno sistema moral será considerado na seção Interpretação.

Hobbes deduz mais 16 leis de natureza que promovem a paz entre os cidadãos em um Estado. A quarta lei de natureza, por exemplo, afirma que a expressão de gratidão por benefícios livremente recebidos de outros ajuda a promover a paz entre indivíduos. Como outro exemplo, a décima primeira lei de natureza exige que qualquer indivíduo, servindo como juiz em uma disputa, deve tratar os disputantes igualmente. A décima segunda lei de natureza ordena que as pessoas desfrutem em comum de coisas que não possam ser divididas. No fim de sua dedução das leis de natureza, Hobbes diz que "essas são as leis de natureza ditando a paz por meio da conservação dos homens em multidões" (*L* 15.214). Ele declara que existem outras leis de natureza proibindo coisas como a embriaguez, porém não vale a pena mencionar essas leis, porque elas ameaçam os indivíduos e não a comunidade. Além disso, Hobbes afirma que todas as leis de natureza podem ser sumarizadas de uma maneira muito simples na regra de ouro: "Não faças ao outro aquilo que não farias a ti mesmo" (*L* 15.214).

Problema desconcertante: O problema da razão no estado de natureza

O estado de natureza, diz Hobbes, é um estado de guerra de todos contra todos, principalmente, porque cada indivíduo retém um direito natural de fazer o que quer que ele acredite ser necessário para preservar a si mesmo. Em condições belicosas, portanto, parece ser muito *razoável* proteger-se, não confiando nos outros. Por outro lado, Hobbes diz que as leis de natureza, que são "ditames da *razão*", são consideradas aptas a levar a um estado de paz. Parece, portanto, que a razão, quando exercitada em um estado de natureza, simultaneamente, aponta para a guerra e para a paz. Assim, como a razão pode nos conduzir para fora de um estado de natureza quando ela também sugere que permaneçamos em um estado de guerra? Como Hobbes pode replicar a essa questão?

Obrigação

A terceira lei de natureza é a fonte da "obrigação". As pessoas se colocam sob uma obrigação, diz Hobbes, quando transferem ou renunciam a certo direito. Se eu renuncio completamente a meu direito natural de pescar no rio, por exemplo, então eu me obrigo a "não impedir" outros de pescarem no rio. O que, exatamente, isso significa? Sobre que tipo de obrigação Hobbes está falando? Antes de tentar responder a essas questões, deveríamos identificar alguns pontos importantes sobre o conceito de "obrigação". No primeiro caso, afirmações expressando obrigações são usualmente afirmações de "dever". Se eu sou obrigado a dizer a verdade a você, então eu "devo" dizer a você a verdade. Segundo, a palavra "dever" pode ser usada em diferentes contextos. Por exemplo, meu médico pode me informar que eu "devo" tomar certa droga se eu quiser parar de espirrar por causa das alergias sazonais. Filósofos se referem a esse tipo de afirmação de "dever" como um imperativo (ou ordem) *hipotético* ou *prudencial*. A afirmação do médico é um comando me dizendo que *se* eu tenho o objetivo de terminar com a reação alérgica, *então* eu "devo" tomar certa droga. Nesse sentido, o "dever" não necessariamente conta como uma "obrigação" em qualquer sentido significativo da palavra. Embora eu "deva" tomar meu remédio, em outras palavras, não é o caso que eu esteja "obrigado" a fazer isso. Nós comumente usamos "obrigação", seja em um sentido legal seja em um sentido moral. Como um cidadão de uma sociedade particular, eu tenho certas obrigações legais. Eu tenho uma obrigação legal, por exemplo, de registrar meu automóvel com as autoridades próprias. Portanto, em um sentido legal, alguém pode dizer que eu "devo" registrar meu carro. Se falho em fazer isso, eu estou agindo ilegalmente, mas não de forma imoral. Além disso, parece que temos obrigações morais de realizar ou evitar certos tipos de ações. Se eu fosse um homem com uma esposa e três filhos e eu fosse acometido por uma doença facilmente curável, a maioria das pessoas diria que eu sou moralmente obrigado a, ou que eu "devo", lutar contra a doença e ficar vivo. No caso das obrigações morais e legais, nós "devemos" fazer alguma coisa porque existe uma lei que nos ordena a fazer isso. O que podemos chamar "ponto de vista moral" é que existem leis morais a que nós devemos obedecer simplesmente porque seguir tais leis é a coisa certa a fazer. Quando Hobbes fala de obrigação, então, ele quer dizer obrigação moral ou legal? Ou "obrigação" se refere a um imperativo hipotético? Essas e outras questões serão perseguidas na seção Interpretação, onde o *status* moral da lei de natureza de Hobbes é questionado.

Problema desconcertante: O problema do tolo

Em seu tratamento da terceira lei de natureza, que exige que as pessoas cumpram seus pactos, Hobbes levanta a objeção hipotética do "tolo". O "tolo disse em seu coração", diz Hobbes, "que não existe tal coisa como a justiça" (*L* 15.203). Além disso, o tolo afirma depois que não existe razão alguma para cumprirmos os pactos se tal cumprimento é contrário aos nossos próprios interesses e se pudermos violar o pacto sem sermos pegos. Imagine, por exemplo, que eu esteja em um mercado movimentado, sem dinheiro, e que eu esteja com muita fome. Ora, como um cidadão de um Estado, eu pactuei me guiar pelas leis civis, uma das quais proíbe o roubo. Assumindo que eu pudesse roubar uma maçã sem ser detectado, e através disso satisfazer minha fome, para mim, não seria razoável fazer isso? Suponha, a seguir, que não exista Deus, ou outro ser divino, que pudesse me punir ou me punisse por esse roubo, porque, como Hobbes indica, o tolo também não acredita em Deus. De acordo com o tolo, a razão direcionaria uma pessoa nessa situação a roubar a maçã porque "todas as ações voluntárias dos homens tendem ao seu próprio benefício" e "é mais razoável que essas ações contribuam para a maioria de seus fins" (*L* 15.204). Hobbes oferece duas respostas que mostram por que o tolo é tolo. Primeiro, existe sempre a possibilidade de que um violador de pactos (*covenant-breaker*) possa ser pego. Mesmo que a chance de um crime ser descoberto seja fraca, Hobbes acredita que é ainda contrário à razão correr esse risco. Segundo, Hobbes assinala que indivíduos no estado de natureza devem contar com os outros para autodefesa. Ao quebrar os pactos, estamos correndo o risco de sermos banidos da sociedade para um estado de natureza, onde indivíduos têm de se arranjar por si mesmos. A resposta de Hobbes ao tolo é uma boa resposta?

Interpretação: As leis de natureza de Hobbes são preceitos prudenciais ou obrigações morais?

Nesta seção, vamos investigar se o estado de natureza de Hobbes é um genuíno deserto moral, completamente vazio de padrões naturais de certo e errado. Duas interpretações conflitantes das leis de natureza de Hobbes serão apresentadas. A *interpretação prudencial* e a *interpretação moral*. A interpretação prudencial afirma que as leis de natureza não são regras morais genuínas, mas recomendações prudenciais que indicam meios racionais para os indivíduos se preservarem[32]. A interpretação moral, ao contrário, diz que as leis de natureza, além de serem recomendações prudenciais, são também regras morais que os seres humanos são obrigados a seguir[33]. Após examinar a evidência para ambas as interpretações, você pode decidir por você mesmo qual interpretação é mais forte.

A interpretação prudencial das leis de natureza

De acordo com a interpretação prudencial, as leis de natureza *recomendam* certos tipos de comportamento que fundamentalmente promovem a autopreservação. No *Leviathan*, Hobbes define uma lei de natureza como um "preceito ou regra geral, encontrado pela razão, pelo qual um homem é proibido de fazer aquilo que é destrutivo para sua vida ou tire dele os meios para viver" (*L* 14.189). Para os adeptos da interpretação prudencial, quando Hobbes diz que uma lei de natureza "proíbe" ou "ordena" certas ações, como pode ser o caso, isso não é para ser tomado em um sentido literal; as leis de natureza não proíbem ações *simplesmente porque elas são moralmente er-*

32. Para um exemplo dessa interpretação, cf. GAUTHIER, 1969.
33. Para um exemplo dessa interpretação, cf. WARRENDER, 1957.

radas, nem ordenam certas ações *porque elas são moralmente certas*. Em vez disso, as leis de natureza ou proíbem certas ações *porque tais ações ameaçam nossa preservação*, ou ordena certas ações *porque tais ações promovem nossa autopreservação*. Em outras palavras, se você quiser se preservar, você seguirá as leis de natureza. De acordo com essa interpretação, as leis de natureza de Hobbes não são realmente leis *morais*. Se eu estou motivado a fazer a coisa moralmente correta simplesmente porque é bom para mim, alguém pode argumentar então: eu não estou agindo com a motivação própria para a ação ser reconhecida como estando dentro do domínio da moralidade. Imagine que eu doe dinheiro a uma instituição de caridade simplesmente para impressionar uma mulher pela qual eu estou romanticamente interessado. Nesse caso, eu não tenho inclinação ou desejo de fazer a coisa certa. Em vez disso, eu estou agindo sob puro autointeresse. De acordo com muitos filósofos, esse tipo de ação não é moral nem imoral. Posso estar fazendo a coisa certa, mas eu não a estou fazendo pela razão certa. Resulta disso que as leis de natureza de Hobbes recomendam, sim, comportamento tradicionalmente *moral*. Por exemplo, as leis de natureza, como vimos, exigem que os indivíduos busquem a paz entre si sempre que possível, que eles perseverem em seus acordos, que eles expressem gratidão por benefícios recebidos, e assim por diante. Esses tipos de ações são tradicionalmente considerados "morais". Para a interpretação prudencial, no entanto, as leis de natureza de Hobbes prescrevem tal comportamento somente porque ele promove nossos próprios interesses, não porque as ações sejam morais. Em outras palavras, de acordo com essa interpretação, Hobbes acredita que você deveria se comportar moralmente porque você se beneficiará agindo assim, não porque é a coisa certa a fazer.

A interpretação prudencial é apoiada pelo fato de Hobbes afirmar que os conceitos de certo e errado não se aplicam no estado de natureza (ao menos antes do pacto político). Antes do estabelecimento do governo e das leis civis, ninguém é restringido, em absoluto, por quaisquer regras morais. Embora as leis de natureza estejam em vigor, diz a interpretação prudencial, elas não deveriam ser consideradas "leis" genuínas. É afirmado que Hobbes mais uma vez converte um conceito moralmente relevante em um conceito amoral. Como vimos, Hobbes remove as conotações morais de termos tais como "igualdade", "liberdade" e "direito de natureza". Uma lei de natureza, tecnicamente falando, não é realmente uma lei, em absoluto, especialmente uma lei moral. De acordo com a definição de Hobbes, uma lei de natureza é uma regra que ordena comportamento moral não porque ele é moral; mais propriamente, ela é uma regra descoberta pela reflexão racional que promove os autointeresses dos indivíduos.

A interpretação moral das leis de natureza

A interpretação moral, ao contrário da interpretação prudencial, assevera que as leis de natureza de Hobbes não são somente preceitos prudenciais, mas também leis que os seres humanos são *moralmente obrigados* a seguir. Hobbes afirma que as leis de natureza podem ser vistas sob duas perspectivas. Primeiro, as leis de natureza são uma série de regras descobertas pela razão humana. Nesse caso, as leis de natureza não são moralmente obrigatórias; em vez disso, elas são preceitos prudenciais que fornecem um caminho racional para a autopreservação. Segundo, as leis de natureza são também os comandos de Deus revelados através do poder natural da razão e através da Sagrada Escritura. Nesse caso, as leis de natureza são moralmente obrigatórias e são propriamente chamadas "leis". De acordo com Hobbes, quando ele diz que as leis de natureza "ordenam" ou "proíbem", ele fala frouxamente. Tecnicamente falando, somente alguém com a autoridade própria ordena ou proíbe ações humanas. Deus, diz Hobbes, possui tal autoridade sobre os seres humanos.

> Os ditames da razão, os homens costumavam chamar pelo nome de leis, mas impropriamente; porque eles não são senão conclusões ou teoremas concernentes ao que conduz à conservação e defesa de si mesmos; visto que lei, propriamente, é a palavra daquele que, por direito, tem comando sobre outros. Mas se considerarmos os mesmos teoremas, como entregues na Palavra de Deus, que, por

> direito, comanda todas as coisas, então elas são propriamente chamadas leis (*L* 15.216-217).

Em um sentido limitado, então, a interpretação moral aceita a asserção básica de interpretação prudencial: que as leis de natureza são preceitos prudenciais. Todavia, a interpretação assevera adiante que as leis de natureza, quando consideradas como palavra de Deus, obrigam os seres humanos a realizar atos virtuosos. Por que Hobbes acredita que Deus tem a autoridade de comandar os seres humanos será discutido no capítulo 6, que cobre suas concepções religiosas.

A interpretação moral encontra evidência na afirmação específica de Hobbes de que as leis de natureza são leis morais. No *De cive*, Hobbes levanta a questão de se a lei de natureza deveria ser identificada com a lei moral. "Todos os escritores concordam", diz Hobbes, "que a lei natural é o mesmo que a moral. Vamos ver se isso é verdadeiro" (*Ci* 3.150). Para responder a essa questão, ele lembra o ponto importante de que as pessoas têm diferentes concepções de bem e mal por causa de seus contrastantes apetites e aversões. Enquanto as pessoas continuarem a discordar sobre concepções morais, diz Hobbes, elas estarão em um estado de conflito. Todavia, no estado de guerra, cada um reconhece que a guerra é má e a paz é boa.

> Eles estão, portanto, tanto tempo em estado de guerra que, por razão da diversidade dos apetites presentes, eles mensuram bem e mal por diversas medidas. Todos os homens facilmente reconhecem que esse estado (enquanto estão nele) é mau e, por consequência, que a paz é boa. Aqueles, portanto, que não poderiam acordar com relação a um [bem] presente, acordam com relação a um bem futuro, que na verdade é um trabalho da razão (*Ci* 3.150-151).

De acordo com a interpretação moral, a noção de que existe um bem universal apoia a ideia de que existem padrões morais objetivos no estado de natureza. Hobbes supostamente confirma isso quando ele afirma que a lei natural exige comportamento moral e deveria, portanto, ser identificada com a lei moral.

> Do fato de a razão declarar que a paz é boa, segue-se que os meios para a paz sejam bons também, e, portanto, que a modéstia, a equidade, a confiança, a humanidade, a compaixão (que demonstramos ser necessária à paz) são modos ou hábitos bons, ou seja, virtudes. A lei [natural], portanto, nos meios para a paz, ordena também boas maneiras ou a prática da virtude; e, portanto, é chamada *moral* (*Ci* 3.151).

Como lei moral, a lei natural fornece um padrão universal que transcende todas as noções individuais e culturais de bem. Essa interpretação é posteriormente apoiada quando Hobbes afirma que as:

> leis de natureza são imutáveis e eternas; o que elas proíbem, nunca pode ser legal; o que elas ordenam, nunca pode ser ilegal. Porque orgulho, ingratidão, rompimento de contratos (ou dano), desumanidade, ofensa, nunca serão legais, nem as virtudes contrárias a essas serão jamais ilegais (*Ci* 3.149).

De acordo com a interpretação moral, Hobbes está afirmando que o comportamento virtuoso sempre será *bom* e o comportamento vicioso sempre será *mau*, o que confirma que as leis de natureza de Hobbes são leis morais.

Primeiras passagens a considerar

Comentários e questões à passagem 1

De acordo com Hobbes, uma lei é um comando que os indivíduos são obrigados a seguir. Leis, no entanto, têm de ser editadas por um legislador, do contrário, elas não serão leis genuínas. Na passagem 1, Hobbes explica que as leis de natureza não são propriamente leis, mas apenas "qualidades que dispõem os homens à paz". Essa passagem fornece apoio para a interpretação prudencial? Por outro lado, Hobbes diz que as leis de natureza levam as pessoas às virtudes morais tradicionais, tais como equidade e gratidão. Isso não fornece um apoio para a interpretação moral? Que posição, se alguma, a seguinte passagem realmente apoia?

Passagem 1

Porque as leis de natureza, que consistem em equidade, justiça e gratidão, e outras virtudes morais dessas dependentes, na condição de mera natureza, não são leis, mas qualidades que me dispõem à paz e à obediência (*L* 26.314).

Comentários e questões à passagem 2

Os que advogam as duas interpretações em consideração discordam sobre se o uso de Hobbes da terminologia moral em seu relato do estado de natureza é legítimo. "Obrigação", como vimos, é um termo como "lei de natureza" ou "igualdade", à medida que ele usualmente carrega conotações morais. Na passagem 1, Hobbes afirma que as leis de natureza são sempre obrigatórias em nossa consciência, mesmo que elas não sejam sempre obrigatórias no comportamento externo. De acordo com a interpretação moral, isso significa que indivíduos são *moralmente obrigados* não somente a pretender realizar ações virtuosas, mas, na verdade, a realizar tais ações quando é seguro fazê-lo. Por exemplo, Hobbes afirma que uma das leis de natureza ordena que eu tente estabelecer um estado de paz com meus inimigos. Todavia, em muitas situações, meus inimigos, que são guiados ou pela ganância ou por pobreza de pensamento, podem não querer cooperar comigo. Eles podem, em outras palavras, desejar permanecer em estado de guerra. Em tais situações, diz Hobbes, estou obrigado a pretender a paz em minha consciência, mas não estou obrigado a agir virtuosamente. De acordo com a interpretação moral, quando Hobbes diz que nós somos *obrigados* pelas leis de natureza, ele significa que somos *comandados* a agir de alguns modos e *proibidos* de agir de outros. As leis de natureza, em outras palavras, não *sugerem* ou *recomendam* simplesmente, mas *exigem*. A seguinte passagem implica que seria *moralmente errado* agir contra a lei de natureza?

Passagem 2

Mas porque muitos homens, em razão de seu desejo perverso de lucro presente, são muito incapazes de observar essas leis, embora reconhecidas

> por eles, se talvez alguns, mais humildes do que o resto, devessem exercitar essa igualdade e utilidade que a razão dita, aqueles que não praticassem o mesmo claramente não seguiriam a razão, nem, por meio disso, procurariam por si próprios a paz, mas uma destruição mais rápida e certa, e os guardiões da lei se tornariam uma mera presa dos violadores dela. Não é, portanto, para ser imaginado que, por natureza, a saber, pela razão, os homens são obrigados ao exercício de todas essas leis naquele estado dos homens no qual elas não são praticadas por outros. Nós somos obrigados, contudo, no ínterim, a uma presença de espírito para observá-las sempre que sua observação deva parecer conduzir ao fim para o qual elas foram ordenadas. Devemos, portanto, concluir que a lei de natureza obriga sempre e em todo o lugar na corte interna, ou aquela da consciência, mas nem sempre na corte externa, mas então somente quando possa ser feito com segurança (*Ci* 3.149).

Comentários e questões à passagem 3

Na passagem 3, Hobbes fornece uma definição de obrigação: alguém se torna "obrigado" ao transferir ou renunciar um direito a alguma coisa. Se, por exemplo, eu renuncio meu direito de pescar no rio a fim de estabelecer um estado de paz com meus inimigos, eu me torno "obrigado" a não interferir quando eles forem pescar. Interessantemente, Hobbes afirma que os "vínculos" que me obrigam a esse acordo são os medos das consequências de quebrá-lo. Portanto, pareceria que a única razão para eu não quebrar meu pacto é porque eu posso ser punido por agir assim. Mas se eu sou obrigado a fazer alguma coisa somente porque estou com medo das consequências, eu sou *moralmente obrigado*? Isso muda sua interpretação da concepção de Hobbes sobre "obrigação"? A realização de pactos cria, realmente, uma obrigação "moral"?

> Passagem 3
>
> E quando um homem, de qualquer modo, abandonou ou concedeu seu direito, então ele é dito

> obrigado, ou constrangido, a não impedir aqueles, aos quais tal direito é concedido ou abandonado, do seu benefício, e que ele deve, e é seu dever, não tornar vazio aquele seu próprio ato voluntário [...] O modo pelo qual o homem tanto renuncia como transfere esse direito é uma declaração ou significação, por algum signo ou sinais voluntários e suficientes, que ele faz para renunciar ou transferir [...] E esses sinais são ou palavras somente ou ações somente, ou (como geralmente ocorre) tanto palavras como ações. E os mesmos são vínculos pelos quais os homens são compelidos e obrigados, que recebem sua força, não de sua própria natureza (porque nada é mais facilmente quebrado do que a palavra de um homem), mas do medo de alguma má consequência pela ruptura (*L* 14.191-192).

Comentários e questões à passagem 4

Como vimos, a interpretação moral afirma que as leis de natureza são genuínas leis morais, que os seres humanos são *moralmente obrigados* a seguir. Como tais, pareceria que é moralmente certo (ou bom) aderir às leis de natureza e moralmente errado (ou mau) as violar. Na passagem seguinte, Hobbes explica por que é *bom* seguir as leis e *mau* as violar. Nesta explicação, você acha que os termos "bom" e "mau" são usados em um genuíno sentido moral?

> Passagem 4
>
> Cada homem, por paixão natural, chama bom aquilo que o agrada pelo presente, ou tão adiante quanto ele possa antever; e de igual modo aquilo que o desagrada [é chamado] mau. E, portanto, aquele que antevê o caminho inteiro para sua preservação (que é o fim a que cada um por natureza almeja) deve também chamá-lo bom e o contrário mau. E esse é aquele bom e mau, ao qual nem todo homem, por paixão, mas todos os homens, por razão, chamam assim. E, portanto, o cumprimento de todas essas leis é bom, de acordo com a razão, e sua violação, má (*El* I.17.14).

Investigação: Existem leis morais no estado de natureza?

O conceito de estado de natureza fornece uma ferramenta excelente para investigar a natureza da moralidade. Enquanto é fundamentalmente usada para levantar questões políticas sobre a origem e legitimidade do governo, ela pode também ser usada efetivamente para investigar questões morais. Uma das mais urgentes questões na Filosofia Moral é se existem padrões morais objetivos que possam ser usados para acessar o *status* moral das ações, motivos, práticas ou instituições. Por exemplo, a maioria das pessoas se apercebeu que a escravidão é um mal moral e, como consequência, que leis permitindo tal prática são injustas. Para fazer a afirmação de que uma lei civil é injusta, devemos ter uma concepção de justiça que transcenda tempos e lugares particulares. Um método para investigar a existência de tais padrões morais é imaginar um estado sem corpos governando, coação legal e sistemas judiciais, i.e., um estado de natureza, e questionar se existem quaisquer regras ou leis naturais. Como vimos, Hobbes usa o estado de natureza como um método para investigar questões morais, dentre outras coisas. Hobbes não estava sozinho ao empregar a ferramenta conceitual do estado de natureza. Em cada período principal da Filosofia, um ou mais filósofos empregaram o conceito de estado de natureza, ou alguma coisa similar, como um meio de investigação filosófica. Nesta seção, você será introduzido à descrição de John Locke de estado de natureza. Locke foi um filósofo inglês que nasceu em 1632. Seus interesses filosóficos o conduziram a uma variedade de diferentes campos de investigação, incluindo a Filosofia Política. O principal trabalho seu, que interessa aos propósitos presentes, é o *Segundo tratado de governo*, no qual Locke apoia a doutrina de um governo limitado e defende o direito de revolta contra a tirania. Em comum com Hobbes, Locke usa o estado de natureza como um meio para argumentar a favor de suas ideias morais e políticas. A seção a seguir foca nas questões morais, em vez das políticas, da descrição de Locke. Você está encorajado a investigar por você mesmo se a posição de Locke ou de Hobbes é a mais convincente.

O estado de natureza de Locke

Existem algumas similaridades entre as descrições de Locke e de Hobbes do estado de natureza. Por ora, vamos focar somente em duas dessas. Na primeira, ambos os filósofos afirmam que os indivíduos no estado de natureza são livres e iguais. Na segunda, ambos afirmam que existe uma lei de natureza que governa os indivíduos no estado de natureza. A despeito dessas similaridades, porém, existem importantes diferenças em suas descrições que revelam visões contrastantes de moralidade.

Tanto Hobbes como Locke afirmam que o estado de natureza é um estado de liberdade e igualdade. Indivíduos no estado de natureza, diz Locke, estão em estado de "*perfeita liberdade* para comandar suas ações, e dispor de suas posses e pessoas, como eles pensarem convir"[34]. Além disso, Locke diz que é "também um *estado* de *igualdade*, no qual todo o poder e jurisdição é recíproco, ninguém tendo mais do que o outro"[35]. O que Locke significa por liberdade e igualdade, no entanto, não é o mesmo que Hobbes. Enquanto Hobbes afirma que os indivíduos são livres para realizar qualquer ação que acreditem favorecer sua autopreservação, Locke afirma que existem limites morais para as ações humanas. "Embora esse seja um *estado de liberdade*", diz Locke, "ainda *não é um estado de licença*; embora um homem nesse estado tenha uma incontrolável liberdade de dispor de sua pessoa ou posses, ele ainda não tem liberdade de destruir a si mesmo assim como qualquer criatura em sua posse, exceto onde algum uso mais nobre do que sua mera preservação o requeira"[36]. Para Locke, a igualdade humana é a fundação para esses limites morais, uma vez que "nada mais evidente existe do que criaturas da mesma espécie e posição, desordenadamente nascidas para as mesmas vantagens de natureza e para o uso das mesmas faculdades, deverem também ser iguais entre si, sem subordinação ou sujeição"[37]. Como vi-

34. LOCKE, 1980, p. 8.

35. Ibid.

36. Ibid., p. 9.

37. Ibid., p. 24.

mos, Hobbes acredita que "igualdade" é um termo descritivo que se refere à igual habilidade para matar outros. Locke, por outro lado, sustenta que os indivíduos são iguais à medida que eles merecem um certo tipo de tratamento ou respeito. Em outras palavras, "igualdade" é um termo descritivo (i.e., um termo que diz o que "é" o caso) para Hobbes, e um termo prescritivo (i.e., um termo que diz o que "deve" ser o caso), para Locke.

As diferenças entre as concepções morais de Locke e Hobbes são também vistas em suas concepções contrastantes sobre a lei de natureza. Locke oferece duas razões para a existência de uma lei moral natural, uma teológica e a outra não teológica. Primeiro, Locke afirma que a igualdade e a independência humanas oferecem fundamentos para a existência de certos direitos naturais: "O *estado de natureza* tem uma lei de natureza para governá-lo, que obriga cada um; e a razão, que é essa lei, ensina à espécie humana, que não vai senão consultá-la, que, sendo todos *iguais e independentes*, ninguém deve prejudicar o outro em sua vida, saúde, liberdade ou posses"[38]. Segundo, Locke afirma que somos criaturas de Deus e, por essa razão, não deveríamos usar outras pessoas simplesmente para nossos próprios propósitos. "[P]orque os homens, sendo todos obra de um Criador onipotente e infinitamente sábio", diz Locke, "são sua propriedade, cuja obra eles são, feitos para durar durante o seu prazer e não durante o de outro; e, sendo munidos com faculdades similares, compartilhando todos uma comunidade de natureza, não pode existir qualquer suposta *subordinação* entre nós, que possa nos autorizar a destruir uns aos outros, como se fôssemos feitos para o uso de outros"[39]. Locke implica fortemente aqui que não deveríamos prejudicar ou subordinar outros no estado de natureza porque é *moralmente errado*, dado que somos iguais e propriedade de Deus. Embora Locke afirme que não deveríamos prejudicar outros no estado de natureza, ele também diz que existem algumas circunstâncias nas quais é correto fazer isso, a saber, a fim de

---

38. Ibid.

39. Ibid., p. 10.

punir aqueles que violaram a lei de natureza. Significantemente, no entanto, existem limites à punição; transgressores da lei natural "podem ser *punidos* de acordo com, e com tanta *severidade*, quanto for suficiente para fazer disso um mau negócio para o infrator, dando a ele causa para se arrepender, e levar outros a temerem fazer o mesmo"[40]. Em sua descrição da lei de natureza, portanto, Locke fornece uma justificação não egoísta para a moralidade. Para Locke, em outras palavras, a lei de natureza nos dá um padrão natural e objetivo de comportamento moral; ela diz às pessoas o que é certo ou errado por natureza. Reciprocamente, Hobbes diz que a lei de natureza nos proíbe de prejudicar outros porque no fim das contas vamos nos prejudicar fazendo isso (ao menos de acordo com uma interpretação de Hobbes).

Relativismo moral e absolutismo moral

A questão principal levantada aqui é se existem quaisquer padrões objetivos naturais que possam ser usados para acessar a moralidade das ações humanas. A escravidão é objetivamente errada? Ou é errada somente porque é aceita como errada? Existe um sentido de justiça que transcende as leis dos Estados e nações individuais? Ou a moralidade é criada por leis e acordos humanos? Para responder a essas questões, você deve considerar a condição de moralidade em um estado de natureza. Em tal estado, vale tudo? Ou existem limites naturais ao comportamento humano? Se, por exemplo, eu passo um dia no estado de natureza pescando em um riacho, seria *moralmente errado* para outro homem roubar os peixes de mim com o fim de se preservar? Para Locke, o trabalho e esforço que coloquei nessa tarefa tornariam os peixes minha propriedade: eu teria um direito natural (e exclusivo) aos peixes. Para Hobbes, no entanto, cada pessoa tem um direito natural a todas as coisas, de modo que outras pessoas seriam igualmente aptas a reivindicar um direito aos peixes. De quem é a posição correta? Por quê?

---

40. Ibid., p. 12.

Conclusão

Neste capítulo, o sumário da filosofia moral de Hobbes revelou que ele sustenta as seguintes crenças sobre a moralidade: (1) não existem padrões objetivos de moralidade no estado de natureza; (2) o estado de natureza é um estado de guerra; (3) as leis de natureza fornecem os meios para a paz e autopreservação; (4) as leis de natureza proíbem o que é tradicionalmente considerado comportamento imoral. Após o sumário, foi apresentado um conflito interpretativo sobre as leis de natureza de Hobbes. Como vimos, parece haver evidência para duas interpretações incompatíveis das leis de natureza. Primeiro, as leis de natureza são preceitos prudenciais, que revelam meios racionais para indivíduos preservarem-se. Segundo, as leis de natureza são leis morais genuínas, porque elas são comandadas por Deus.

A última seção do capítulo iniciou uma investigação sobre questões morais contrastando as respectivas concepções morais de Locke e Hobbes sobre o estado de natureza.

5
A filosofia política de Hobbes

A Filosofia Política levanta questões sobre a origem e legitimidade das instituições políticas e dos direitos e deveres tanto de cidadãos como de governantes: Qual é a fonte última da autoridade política? Quem deveria exercer o poder político? Quais são os respectivos direitos e deveres dos cidadãos e líderes? Quando a desobediência civil está justificada? Qual é a origem do Estado? Hobbes tenta responder a tais questões em seus trabalhos sobre Filosofia Política. Para Hobbes, a Filosofia Política não é simplesmente uma ocupação intelectual interessante; ela também leva a importantes consequências práticas. Como mencionado no capítulo 1, Hobbes foi testemunha de uma guerra civil que estava despedaçando seu país. Vários líderes políticos e religiosos tiveram diferentes ideias sobre quem deveria possuir o poder político e como ele deveria ser usado. Tais desacordos ideológicos não permaneceram confinados ao domínio das ideias, mas criaram conflito no mundo real. Hobbes acreditava que sua própria filosofia política, se aceita, ajudaria a produzir e manter um estado de paz. De acordo com Hobbes, os seres humanos poderiam escapar da guerra civil, metaforicamente representada pelo "estado de natureza", somente aceitando um soberano com poder absoluto. Neste capítulo, você será introduzido aos elementos principais da filosofia política de Hobbes. Como veremos, Hobbes acredita que a transição do estado de natureza para um acordo político organizado ocorre quando os indivíduos fazem um pacto político entre si. Embora um pacto político possa conduzir a qualquer uma dentre algumas formas de governo, Hobbes acredita que a paz requer a instituição de um soberano absoluto, um governante que tem a palavra final sobre todas as questões éticas, religiosas e políticas. Na segunda seção, um problema interpretativo concernente ao absolutismo político de Hobbes será apresentado. Embora Hobbes advogue o absolutismo político, alguns estudiosos afirmam que ele implicitamente aceita a noção de um soberano limitado. Após examinar essa questão por você mesmo, você pode decidir se essa afirmação é razoável. O capítulo conclui com uma investigação sobre as ideias acerca dos direitos dos governos de limitarem as liberdades de seus súditos. Quão longe deveria ir um governo para nos proteger de nós mesmos? Quanta liberdade deveria ser garantida para cada cidadão? O que justifica as limitações governamentais sobre a liberdade dos cidadãos?

Sumário: A filosofia política de Hobbes

O pacto político[41]

O propósito de instituir um governo, de acordo com Hobbes, é escapar das condições belicosas do estado de natureza. Como vimos no último capítulo, Hobbes acredita que o estado de natureza, um estado hipotético sem leis e instituições de coação legal, é equivalente à guerra. Na concepção de Hobbes, as pessoas no estado de natureza têm um direito natural de fazer o que quer que *elas acreditem* ser necessário para sua própria preservação. Se eu acredito, por exemplo, que matar você é necessário para minha sobrevivência, então eu tenho um direito natural de matar você. Enquanto as pessoas mantiverem esse direito natural, argumenta Hobbes, elas permanecerão naquela "condição miserável de guerra", onde cada um é uma ameaça ao outro (*L* 17.223). Para escapar do estado de natureza, no entanto, as pessoas devem não somente abrir mão do direito natural de decidir por si mesmas o que é ou não necessário para sua própria preservação, mas elas devem transferir esse direito para um indivíduo, ou grupo de indivíduos, que

---

41. Para saber mais sobre o pacto político em Hobbes, cf. KAVKA, 1986; HAMPTON, 1986; KRAUS, 1993.

agirão, então, em benefício do todo. A transferência desse direito para um poder comum, diz Hobbes, é "feita por um pacto pelos homens entre si, de um modo como se cada homem devesse dizer a cada homem: "Eu autorizo e abro mão de meu direito de me governar a este homem ou a esta assembleia de homens" (*L* 17.227). Os indivíduos, em outras palavras, fazem um *pacto político* entre si para transferir seu direito de se governarem a uma autoridade comum, a saber, o poder soberano. Um estado de segurança e paz emerge do pacto político, de acordo com Hobbes, porque o soberano está autorizado a usar seu poder e força recém-adquiridos não somente para decretar e executar leis, mas também para defender o Estado contra inimigos. A "depravação da disposição humana", diz Hobbes, é tal que as pessoas seguirão as leis ou lutarão por outros somente quando isso servir aos seus interesses. Assim, a ameaça de punição é requerida para encorajar o comportamento que é bom para o Estado (*Ci* 6.176). "Consentimento", diz Hobbes, "não é segurança suficiente para sua paz comum, sem a edificação de algum poder comum, pelo medo do qual eles possam ser compelidos tanto a manter a paz entre si como a reunir suas forças contra um inimigo comum" (*El* I.19.6).

Por meio de um pacto político, diz Hobbes, as pessoas criam um "deus mortal" para se protegerem não somente um do outro, mas também de invasores estrangeiros.

> Essa é a geração daquele grande leviatã, ou melhor (para falar mais reverentemente) daquele *deus mortal*, ao qual nós devemos, sob o *Deus imortal*, nossa paz e defesa. Porque por essa autoridade, dada a ele por cada homem particular no Estado, ele tem o uso de tanto poder e força conferidos a ele que, por terror dele, é capaz de formar as vontades de todos para a paz em casa e a ajuda mútua contra seus inimigos estrangeiros (*L* 17.227-228).

Ao passo que a comparação do deus soberano possa parecer ser hiperbólica, ela expressa um ponto importante, a saber: o soberano tem uma autoridade não questionada. Como veremos no capítulo 6, Hobbes acredita que Deus existe fora do domínio da moralidade humana e é incapaz de cometer um ato injusto. De um modo similar, as ações do soberano não podem ser julgadas injustas. Uma justificativa para esse ponto é encontrada no fato interessante de que o soberano não é uma parte contratante no pacto político. Indivíduos no estado de natureza fazem um pacto com todos os demais para instituir um soberano. O soberano é somente uma terceira parte. Uma importante consequência desse fato é que o soberano não pode ser acusado de ser injusto porque, como vimos no capítulo 4, a injustiça é a violação de um pacto. No estado de natureza, antes da realização dos acordos, não existe justiça ou injustiça. Sendo uma terceira parte fora do pacto político, então, o soberano permanece essencialmente em um estado de natureza e retém o direito natural a todas as coisas. Porque o soberano está basicamente acima do julgamento moral, a comparação com Deus é apropriada.

O pacto político, diz Hobbes, cria uma "pessoa artificial" que se torna o "ator" para as "pessoas" como um todo. Hobbes define uma pessoa como alguém "cujas palavras ou ações são consideradas ou como suas próprias ou como representando as ações de um outro homem" (*L* 16.217). Uma pessoa, quando agindo por outra pessoa, é considerada "artificial". Uma "pessoa natural", por outro lado, age por si mesma. Quando indivíduos em um estado de natureza instituem um soberano através do pacto político, eles criam uma pessoa artificial cujas ações são as ações das "pessoas". Na terminologia de Hobbes, a instituição de um poder soberano representa uma transição de uma "multidão" de indivíduos em um estado de natureza para uma "unidade" real de cidadãos em um Estado. Cada cidadão em um Estado, argumenta Hobbes, deve, portanto, reconhecer que as ações do soberano são realmente as suas próprias. Desse modo, se o soberano faz um pacto como um representante das pessoas, as próprias pessoas são obrigadas pelo pacto como se elas próprias o tivessem feito. De fato, as pessoas são obrigadas por qualquer pacto feito pelo soberano porque, como diz Hobbes, elas autorizaram o soberano a agir em seu nome. "Daqui se segue", diz Hobbes, "que quando o ator faz um pacto por autoridade, ele obriga o autor não menos do que se ele próprio o tivesse feito" (*L* 16.218).

Problema desconcertante: O problema de renunciar aos direitos

Um problema desconcertante surge quando se justapõe as duas seguintes afirmações feitas por Hobbes: (1) que um soberano é instituído por uma "transferência mútua de direito" e (2) o soberano tem o "poder e a força" para criar um estado de paz. O problema surge porque indivíduos em um pacto político não transferem tecnicamente qualquer poder seu ao soberano, mas simplesmente transferem o direito de se governarem. Como vimos, indivíduos no estado de natureza instituem um soberano *transferindo* o direito de se governarem a uma terceira parte. Transferir-se direitos, no entanto, é apenas um método de "alguém renunciar a seus direitos". Quando uma pessoa "renuncia" a um direito, diz Hobbes, "ela se priva da liberdade de impedir outro do benefício de seu próprio direito ao mesmo" (*L* 14.190). Por exemplo, se eu "renuncio" a meu direito de pescar no rio, então eu me obrigo a não impedir outros de pescarem. No entanto, eu não "confiro" a você minha força e poder para ajudar você a pescar. Hobbes diz que o soberano é instituído por uma *transferência* de direito; de acordo com a definição de renúncia a direitos, no entanto, tal transferência não transfere poder. Quando eu faço um pacto político, tecnicamente falando, eu concordo em *não impedir* o soberano de exercer seu poder. Na transferência de direito, eu não concordo em ajudar o soberano. Como, então, o soberano adquire o poder e a força necessários para executar as leis e para proteger o Estado dos inimigos externos? Como Hobbes pode responder a essa questão?

Pactos válidos e inválidos

A terceira lei de natureza, como vimos, exige que os indivíduos persistam em seus pactos. Se as pessoas não obedecem a essa lei de natureza, diz Hobbes, então o pacto político fracassará e os indivíduos retornarão ao estado de natureza. O único modo de o Estado ter sucesso é os cidadãos obedecerem às decisões do soberano. O pacto político, em outras palavras, inclui o acordo para obedecer ao soberano. Se os indivíduos decidem violar a lei civil, eles estão violando o pacto político; mas nenhum Estado pode sobreviver se seus cidadãos estiverem constantemente violando as leis. Na realidade, a paz requer que os indivíduos obedeçam a todos os pactos feitos, não somente aos pactos políticos. Portanto, somente "tolos"[42] violariam intencionalmente seus pactos. Existem alguns casos, no entanto, em que pactos são invalidados; em tais casos, diz Hobbes, é razoável para uma pessoa não cumprir sua parte no negócio. Por exemplo, no estado de natureza, se uma das partes em um pacto tem uma suspeita razoável de que a outra parte não vai cumpri-lo, então o pacto se torna nulo. Essa suspeição razoável deve surgir depois do pacto ter sido feito; se uma pessoa tem uma suspeição razoável antes de fazer o pacto e ainda assim o faz, então o pacto é ainda obrigatório. Em um estado de natureza, a capacidade de esvaziar um pacto é necessária nos casos de suspeição razoável, porque os indivíduos necessitam se proteger da ganância e avareza das pessoas. "Porque aquele que cumpre primeiro não tem garantia de que o outro irá cumprir depois", diz Hobbes, "porque os vínculos das palavras são muito fracos para refrear a ambição, a avareza, a fúria e outras paixões do homem" (*L* 14.196). Em outras palavras, palavras e promessas (no estado de natureza) não são suficientes para assegurar que a outra parte vá cumprir o pacto, uma vez que não há meios de coação. Se, no entanto, duas partes em um pacto vivem sob um soberano com poder coercitivo, então uma suspeição razoável de que outra parte não o cumprirá *não* invalida o pacto.

Alguns pactos, diz Hobbes, sempre serão nulos. Por exemplo, "um pacto de não me defender da força pela força é sempre nulo" (*L* 14.199). Se minha vida é ameaçada, em outras palavras, eu tenho o direito de me defender. Em acréscimo, existem certos tipos de pactos que são inválidos por sua natureza, porque, tecnicamente falando, eles não são pactos. Por exemplo, não é possível fazer pactos com animais porque eles não podem entender nossa linguagem. Do mesmo modo, seres humanos não podem pactuar com Deus, a menos que Ele fale

---

42. Cf. o "Problema do tolo", no capítulo 4.

para eles através de revelação divina ou através de um representante. Deve haver alguma confirmação, em outras palavras, de que Deus aceitou o pacto. Hobbes também diz que pactos devem ser concernentes a ações *possíveis*. Eu não posso prometer a você vida eterna em troca de seu dinheiro, uma vez que não posso conceder vida eterna a você.

Interessantemente, Hobbes afirma que "pactos celebrados por medo, na condição de mera natureza, são obrigatórios" (*L* 14.198). Por exemplo, se eu sou forçado sob a mira de uma arma a prometer matar outro indivíduo amanhã a fim de salvar minha vida hoje, então eu sou obrigado a matar aquele indivíduo, mesmo que minha própria vida não esteja imediatamente ameaçada amanhã. Mesmo em um Estado civil, um indivíduo é obrigado a levar a cabo pactos feitos por medo, a menos que a lei civil diga de outro modo. A afirmação de Hobbes aqui parece estar em contraste direto com o princípio de responsabilidade, que é um princípio moral comumente aceito. Como mencionado no capítulo 4, a maioria das pessoas aceitaria a concepção de que a obrigação moral requer um certo nível de liberdade. Por exemplo, se eu sou forçado sob a mira de uma arma a matar o presidente amanhã, a maioria das pessoas diria que eu não sou obrigado a cumprir minha promessa, uma vez que fui forçado, temendo por minha própria vida, a fazer aquela promessa. Em parte, Hobbes acredita que contratos feitos por medo não são nulos porque o pacto político para estabelecer um soberano é feito por medo. Indivíduos em um estado de natureza pactuando entre si, temendo por suas próprias vidas, para criar um estado de paz pela instituição de um poder soberano. Se pactos feitos por medo fossem nulos, então o próprio pacto político seria inválido.

Problema desconcertante: O problema de escapar ao estado de natureza

Hobbes afirma que uma parte de um pacto pode corretamente violá-lo no estado de natureza se existe uma "suspeição razoável" de que a outra parte não irá cumpri-lo. De acordo com Hobbes, essa "suspeição razoável" deve estar baseada em alguma nova informação que é adquirida depois do pacto ter sido feito. No início, isso parece muito razoável. Imagine, por exemplo, que você pactue com outra pessoa, no estado de natureza, você trabalhar junto com ela em um projeto comum. Você descobre mais tarde, no entanto, que essa pessoa violou pactos anteriores com outros. Razoavelmente, como um meio de se proteger de um violador de pactos, você decide ignorar as exigências de seu próprio pacto. De acordo com Hobbes, você está certo em agir assim. Todavia, um problema surge por causa de uma ambiguidade na frase "suspeição razoável". No estado de natureza, diz Hobbes, cada pessoa deve determinar para si o que é ou não razoável. Lembre-se de que o estado de natureza é um estado de guerra onde "todos são inimigos de todos". Em tal estado, não poderia surgir continuamente uma "suspeição razoável" de que outros não cumprissem seus pactos? Como é possível um pacto político em tal estado? Os pactos políticos não serão anulados quase imediatamente pela "suspeição razoável" de que o inimigo de alguém não obedecerá a seus acordos? Esse é um problema real para Hobbes?

Os direitos específicos do poder soberano

Uma vez que o poder soberano é instituído para manter uma condição de paz e segurança no Estado, Hobbes argumenta que o soberano deve possuir certos direitos para executar sua função designada[43]. No *Leviathan*, Hobbes especificamente lista 12 direitos que são "incomunicáveis e inseparáveis" da soberania (*L* 18.236). Vale a pena considerar alguns desses em detalhe. O primeiro direito é o direito do soberano de não ser desapropriado de seu poder e autoridade por meio de um novo pacto político. Se os súditos de um Estado acreditam que o poder soberano não está atuando para o bem comum, por exemplo, seria injusto que fizessem um pacto para formar um novo governo. Hobbes deriva esse direito soberano da terceira lei de natureza, que, como vimos no capítulo anterior, declara que as pessoas não devem violar seus pactos. De

43. Para saber mais sobre o conceito de soberania em Hobbes, cf. JOHNSON, 1985.

acordo com Hobbes, "aqueles que já instituíram um Estado, sendo, por meio disso, obrigados pelo pacto a reconhecer as ações e juízos de alguém, não podem legalmente fazer um novo pacto entre si para serem obedientes a qualquer outro, em qualquer coisa que seja, sem sua permissão" (*L* 18.229). Fazer um novo pacto seria violar o pacto original, o que seria injusto.

Hobbes também afirma que o soberano tem o direito de não ser acusado por um súdito de agir injustamente, uma vez que o cidadão é tecnicamente o autor das ações do soberano. Por exemplo, se acredito que sou vítima da injustiça soberana, eu não deveria acusar o soberano; antes, eu deveria reconhecer que sou responsável pelas ações do soberano, como se eu fosse aquele que as executasse. Para Hobbes, isso conduz à interessante e paradoxal afirmação de que é *logicamente impossível* para um súdito acusar o soberano de *injustiça*. De acordo com Hobbes, ao passo que é possível para alguém se ferir, não é possível agir injustamente para consigo mesmo, uma vez que alguém não pode pactuar consigo mesmo. "Aquele que reclama de injúria de seu soberano", diz Hobbes, "reclama daquilo de que ele próprio é o autor, e, portanto, não deve acusar homem algum, senão a si mesmo. Mas nem a si mesmo alguém pode acusar de injúria, porque é impossível cometer injúria a si mesmo" (*L* 18.232). Devemos observar que Hobbes usa "injúria" aqui como um sinônimo para "injustiça" e não para "dano".

O soberano, na concepção de Hobbes, tem o direito único de determinar que doutrinas e opiniões podem ser sustentadas no Estado. "Pertence, portanto, àquele que tem o poder soberano", diz Hobbes, "ser o juiz, ou constituir todos os juízes de opiniões e doutrinas, como uma coisa necessária à paz, e, por meio disso, prevenir a discórdia e a guerra civil" (*L* 18.233). Hobbes diz que as crenças religiosas são especialmente importantes para o controle soberano. Como veremos no próximo capítulo, doutrinas religiosas são frequentemente responsáveis por sérias discórdias no Estado, de acordo com Hobbes, porque as pessoas usam a Palavra de Deus para questionar as ações do soberano. Um estado de paz requer uma autoridade civil com o direito de determinar as doutrinas religiosas para que religião e política não colidam. "Não havia tal dilema [do conflito civil] entre os judeus", diz Hobbes, porque "os intérpretes [do Velho Testamento] foram os sacerdotes, cujo poder era subordinado ao poder do rei" (*El* II.6.2). Se o soberano tem o poder para interpretar os textos sagrados, afirma Hobbes, então os indivíduos não podem usar suas crenças religiosas para provocar rebelião.

Em acréscimo a esses três direitos, Hobbes revela nove outros direitos do soberano, incluindo, dentre outros, o direito de decretar e de executar todas as leis, escolher quando declarar guerra e julgar todas as disputas entre cidadãos. Tomado como um todo, os direitos do soberano acarretam uma posição conhecida como "absolutismo político", que garante poder absoluto ao soberano em todas as questões políticas, religiosas e éticas. Deveria ser enfatizado, é claro, que o soberano não tem, pessoalmente, de fazer cada lei, juízo ou decisão relacionada ao Estado. Em vez disso, o soberano está encarregado de designar e substituir, quando necessário, os legisladores, conselheiros, juízes e ministros do Estado. Para aqueles que acreditam que garantir tal poder absoluto é muito perigoso, Hobbes tem a seguinte resposta:

> E, embora de um poder tão ilimitado os homens possam imaginar muitas consequências más, todavia, as consequências da falta dele, que é a perpétua guerra de todo homem contra seu vizinho, são muito piores. A condição dos homens nessa vida nunca deve ser sem inconveniências; mas em nenhum Estado acontece qualquer grande inconveniência senão a que procede da desobediência e ruptura dos súditos daqueles pactos aos quais o Estado deve sua existência (*L* 20.260).

Sem um soberano absoluto, argumenta Hobbes, o Estado necessariamente se dissolveria em uma guerra de todos contra todos. Portanto, é melhor aceitar as inconveniências do absolutismo político do que os terrores da guerra civil.

Absolutismo ou guerra?

Indivíduos no estado de natureza, diz Hobbes, devem escolher uma dentre duas opções: eles podem decidir permanecer em um estado de natureza e arriscar suas vidas em uma guerra de todos contra todos, ou eles podem decidir viver sob um governante absoluto e aceitar as "inconveniências" concomitantes. A terceira opção de um poder soberano limitado não existe para Hobbes. Em sua concepção, é impossível haver um governante limitado porque sempre deve existir uma última fonte de poder político. Hobbes desenvolve aqui o "argumento regressivo para a soberania absoluta"[44], que pode ser expresso como segue:

1) Ou o poder de um governante é limitado ou é ilimitado.

2) Se for limitado, então deve existir um poder mais elevado que limite o governante.

3) Esse poder mais elevado é ou limitado ou ilimitado.

4) Se for limitado, deve existir um poder maior do que esse "poder mais elevado".

5) Esse regresso de poderes não pode prosseguir para sempre.

6) Portanto, se o poder do governante é limitado, deve ser, em última análise, limitado por um poder ilimitado.

7) Portanto, ou o poder do governante é ilimitado ou é limitado por um poder ilimitado (que é o real governante).

Para Hobbes, um governo com poderes divididos necessariamente fracassará, porque, como diz o ditado, "um reino dividido em si mesmo não pode manter-se" (*L* 18.236). A guerra civil na Inglaterra, diz Hobbes, é evidência para sua posição. Em sua concepção, a crença de que o rei e o parlamento deveriam dividir o poder político levou finalmente à guerra civil. "Se não tivesse havido primeiro uma opinião recebida da maior parte da Inglaterra de que esses poderes fossem divididos entre o rei e os lordes, e a Casa dos Comuns", diz Hobbes, "o povo nunca teria sido dividido e consentido nessa guerra civil" (*L* 18.236-7).

Problema desconcertante: O problema da autorização

O absolutismo político de Hobbes acarreta, dentre outras coisas, a noção de que o povo não pode evocar seus direitos

---

44. Cf. HAMPTON, 1986, p. 98-105.

uma vez transferidos ao soberano. Quando indivíduos em um estado de natureza transferem seus direitos no pacto político, Hobbes afirma que a transferência é irrevogável. Como alguns estudiosos de Hobbes assinalam, no entanto, esta noção de alguém "alienar" seus direitos (i.e., abrir mão deles completamente) parece ser incompatível com a noção de autorização[45]. Se eu autorizo você a agir em meu nome, em outras palavras, você é simplesmente o ator enquanto eu mantenho a autoridade. Conceitualmente falando, portanto, autorização parece implicar que eu tenho a autoridade de escolher outra pessoa para agir em meu nome. "Se os súditos autorizam o soberano", tem sido perguntado, "por que os súditos não podem desautorizá-lo?"[46] Como você acha que Hobbes responderia a essa questão?

Leis civis e absolutismo político

A legislação e a execução das leis civis são os meios pelos quais o soberano é capaz de manter a paz dentro do Estado. Lei, genericamente falando, é um comando emitido por uma autoridade própria, pela qual regras de conduta são estabelecidas. Mais especificamente, a lei civil "é para cada súdito, aquelas regras que o Estado ordenou a ele [...] fazer uso, para a distinção do certo e errado" (*L* 26.312). Em seu tratamento da natureza da lei civil, Hobbes confirma seu compromisso com o absolutismo político de dois modos importantes. No primeiro caso, Hobbes argumenta que o soberano está acima da lei civil porque a pessoa com a autoridade de fazer ou revogar a lei não pode estar sujeita a ela. O soberano, diz Hobbes, "não está sujeito à lei civil" uma vez que, "tendo o poder de fazer e revogar leis, ele pode, quando lhe apraz, liberar-se da sujeição revogando aquelas leis que o incomodam" (*L* 26.313). No segundo caso, Hobbes quer assegurar que a autoridade do soberano sobre a lei não pode ser colocada em questão por uma interpretação criativa. Como Hobbes indica, o soberano pode

45. Para saber mais sobre esse tema, cf. MARTINICH, 1997a, p. 44-49.
46. MARTINICH, 1997a, p. 47.

fazer uma lei que é sujeita a uma variedade de interpretações. (Tendo lido Hobbes, você deveria entender bem esse ponto!) Um agitador "astuto" poderia, portanto, interpretar uma lei civil de um modo que é contrário às intenções do soberano (*L* 26.322). O que é importante, diz Hobbes, não é a letra da lei, mas o espírito, i.e., o que o soberano pretendeu. Portanto, é importante que o soberano seja igualmente o intérprete da lei. Ninguém deveria ser capaz de usar uma interpretação criativa da lei do soberano contra o soberano.

Problema desconcertante: O problema das leis civis e as leis de natureza

Hobbes afirma que a lei civil e as leis de natureza "contêm uma a outra" e são de "igual extensão" (*L* 26.314). Antes da formação do Estado, diz Hobbes, as leis de natureza não são leis genuínas, mas simplesmente "qualidades" que guiam os indivíduos para a vida moral. Como vimos no capítulo 4, existe um debate acerca de se as leis de natureza são leis morais genuínas comandadas por Deus. Em uma passagem muito interessante, que pode confundir esse assunto ainda mais, Hobbes sugere que o soberano converte as leis de natureza em leis civis.

> As leis de natureza e a lei civil contêm uma a outra e são de igual extensão. Porque as leis de natureza, que consistem em equidade, justiça, gratidão e outras virtudes morais dessas dependentes, na condição de mera natureza [...] não são propriamente leis, mas qualidades que dispõem os homens à paz e à obediência. É somente quando um Estado é então estabelecido, que elas se tornam leis de fato, e não antes; passando a ser agora os comandos do Estado e, portanto, também as leis civis. Porque é o poder soberano que obriga os homens a obedecê-las (*L* 26.314).

O ponto fundamental aqui é que as leis de natureza não são executadas por um poder coercitivo (a menos que alguém considere ser Deus o executor), e assim os seres humanos não são obrigados a segui-las. Após a formação de um Estado, de acordo com Hobbes, as leis de natureza se tornam obrigatórias, porque elas se tornam parte da lei civil. Leis civis, então, no fim, ordenam as mesmas coisas que as leis de natureza. Além disso, Hobbes afirma, também, que a "obediência à lei civil é igualmente parte da lei natural" (*L* 26.314). Portanto, a lei civil é parte da lei de natureza e a lei de natureza é parte da lei civil. O que exatamente isso significa? Não é possível para uma lei civil ir contra uma lei de natureza? Como Hobbes pode responder a essas questões?

A superioridade da monarquia

Deveria ser enfatizado que uma ou mais pessoas podem deter o poder soberano. A noção de absolutismo político, em outras palavras, não deveria ser confundida com monarquia. Na concepção de Hobbes, existem três formas de governo que são distinguidas pelo número de governantes em um Estado. Monarquia é o governo de um; aristocracia é o governo de muitos; democracia é o governo de todos. De acordo com Hobbes, monarquia é superior tanto à aristocracia como à democracia. O raciocínio geral de Hobbes é que a monarquia é superior às outras formas porque problemas políticos são mais prováveis de surgir se a autoridade política estiver dividida entre duas ou mais pessoas. Por exemplo, como indica Hobbes, líderes não são somente representantes políticos, são também seres humanos com seus próprios desejos e vontades. Em casos nos quais representantes políticos devem escolher entre promover seus próprios interesses ou os interesses do todo, Hobbes acredita que eles escolherão os seus próprios. "E embora ele seja cuidadoso em sua pessoa política em buscar o interesse comum", diz Hobbes, "mesmo assim, ele é mais ou não menos cuidadoso em buscar o seu próprio bem privado, o de sua família, o de seus parentes e amigos; e, para a maior parte, se o interesse público chega a cruzar o privado, ele prefere o privado" (*L* 19.241). Na monarquia, argumenta Hobbes, o monarca prospera somente se os cidadãos prosperaram. Ao contrário, nas outras formas de governo, Hobbes afirma que os membros das assembleias geralmente buscam o seu próprio bem à custa do Estado. Como outro exemplo, Hobbes afirma que os representantes políticos serão mais concernidos com "aduladores" e familiares do que com o cidadão ordinário. Essa "inconveniência" será minimizada em uma monarquia, afirma Hobbes, onde uma única pessoa faz isso.

Estado por aquisição

Nas seções prévias, discutimos o que Hobbes chama um "Estado por instituição". Nesse tipo de Estado, o soberano adquire originalmente os direitos de soberania quando os indivíduos em um estado de natureza pactuam entre si para instituir um soberano. Existe, no entanto, uma outra origem de poder soberano. Em um "Estado por aquisição", diz Hobbes, o poder soberano não é adquirido por meio de um pacto político entre indivíduos. Em vez disso, é obtido por um ato de força, como quando, por exemplo, um soberano invade e conquista um país estrangeiro. Em ambos os tipos de Estado, no entanto, existe ainda uma sorte de pacto baseado no medo. Soberania por aquisição, de acordo com Hobbes, "difere da soberania por instituição somente no fato de que os homens que escolhem seu soberano o fazem por medo um do outro, e não por medo daquele que instituem; mas nesse caso [da soberania por aquisição], eles se sujeitam àquele de quem eles têm medo" (*L* 20.252). Em um Estado por aquisição, os conquistados *escolheram livremente* ser governados pelo conquistador, por temerem por suas vidas. Porque os indivíduos fazem uma livre escolha, os direitos dos soberanos por aquisição são supostamente idênticos àqueles dos soberanos por instituição. Como vimos no capítulo 4, Hobbes acredita que decisões coagidas ainda são consideradas "livres", a menos que os indivíduos estejam fisicamente impedidos ou incapacitados. Pactos feitos por medo, em outras palavras, são ainda obrigatórios na opinião de Hobbes. Se eles já não fossem cidadãos em um Estado por instituição, não seriam obrigados por seu pacto, porque ele é feito por medo um do outro. Em um Estado por aquisição, "não é, portanto, a vitória que dá direito de dominação sobre o vencido, mas seu próprio pacto" (*L* 20.255-256). Os direitos do soberano, portanto, são os mesmos em ambos os tipos de Estado e pelas mesmas razões.

Os direitos dos súditos

No estado de natureza, como vimos no capítulo 4, os indivíduos possuem o direito natural de fazer o que quer que eles acreditem ser necessário para assegurar sua própria preservação. De acordo com Hobbes, no entanto, indivíduos devem abdicar desse direito de autogoverno a fim de estabelecer um estado de paz. "Porque enquanto cada homem detiver esse direito de fazer o que quiser", diz Hobbes, "todos estarão na condição de guerra" (*L* 14.190). Indivíduos transferem esse direito a um poder comum, afirma Hobbes, primeiramente para assegurar seu próprio bem, especialmente sua própria sobrevivência. Portanto, os súditos de um poder soberano aceitaram uma limitação de seus direitos naturais em troca dos benefícios da vida em um estado pacífico. A despeito dessa limitação de direito, Hobbes diz "haver alguns direitos que nenhum homem pode ser considerado como tendo abandonado ou transferido, por quaisquer palavras ou outros sinais" (*L* 14.192). Uma vez que cada um deseja o seu próprio bem, certos direitos devem ser retidos para garantir segurança pessoal; esses direitos não podem ser confiscados. Por exemplo, uma pessoa "não pode renunciar ao direito de resistir àqueles que o agridem pela força para tirar sua vida", afirma Hobbes, "porque ela não pode ser considerada como almejando, por meio disso, qualquer bem para si mesma" (*L* 14.192). Interessantemente, esse direito de resistência é mantido mesmo se os agressores tiverem a justiça ao seu lado. Assim, por exemplo, se o soberano comanda um indivíduo a não resistir aos agressores, o indivíduo tem o direito de desobedecer. Hobbes descreve outras situações específicas nas quais uma pessoa mantém um direito de desobedecer à ordem do soberano; essas situações são cobertas pelo seguinte princípio geral: "Quando, portanto, nossa recusa em obedecer frustrar o fim pelo qual o soberano ordenou, então não existe liberdade para recusar; caso contrário, existe" (*L* 21.269). Hobbes, em outras palavras, acredita que um indivíduo tem o direito de desobedecer às ordens do soberano se tal desobediência não impede o soberano de cumprir os objetivos pretendidos. Se, por exemplo, o soberano ordena que eu mate um homem culpado, eu tenho o direito de desobedecer se eu puder encontrar outra pessoa para fazer o trabalho para mim. A maior fonte de liberdades de um súdito, no entanto, é encontrada no silêncio da lei. "Com relação às outras liberdades", diz Hobbes, "elas dependem do silêncio da lei. Em casos nos quais o soberano não prescreveu regra alguma, aí o súdito tem liberdade de fazer, ou abster-se, de acordo com sua própria discrição" (*L* 21.271). Se um ato não é contra a lei, em outras palavras, ele é permitido.

Interpretação: Hobbes implicitamente aceita um soberano limitado?

Nesta seção, exploraremos um problema interpretativo concernente ao absolutismo político de Hobbes. Por um lado, Hobbes claramente advoga uma concepção absolutista, que dá ao soberano a última palavra em questões políticas. Por outro lado, Hobbes implica que os súditos em um Estado têm a palavra final. A questão interpretativa, em outros termos, é se Hobbes realmente adere ao absolutismo político ou, na realidade, aceita a noção de um soberano com poder limitado. O conflito de interpretação surge da diferença entre o que Hobbes quer dizer e o que ele implica. Enquanto você estiver lendo sobre esse conflito, sugiro que você tente determinar se existe um modo de fazer o que Hobbes diz combinar com o que ele sugere.

Um governo limitado?

Na seção Sumário, vimos evidência para a concepção de que Hobbes adere ao absolutismo político. Claramente, Hobbes pretende defender uma forma absolutista de governo que fundamentalmente coloque nas mãos do soberano um direito inalienável de usar o poder político. Enquanto os indivíduos em um estado de natureza exercem seus próprios direitos naturais, uma vez que o pacto é feito, argumenta Hobbes, o soberano se torna o árbitro final em todas as questões. A despeito de suas intenções explicitamente declaradas, alguém pode argumentar, Hobbes *implica* que a fonte final do poder político encontra-se realmente nos súditos. A base para essa implicação é sua afirmação de que o súdito tem o direito de desobedecer ao soberano quando esse é incapaz de protegê-lo. "A obrigação dos súditos para com o soberano é entendida durar tanto quanto e não mais do que", diz Hobbes, "dure o poder pelo qual ele é capaz de protegê-los" (*L* 21.272). Em outras palavras, se o soberano não pode proteger o súdito de danos, então o súdito pode corretamente desobedecer ao soberano. Todavia, alguém pode perguntar: Quem, fundamentalmente, determina se o soberano genuinamente provê proteção? Em resposta a essa questão, Hobbes implica que o súdito mantém o direito de tomar a decisão final: "Porque o direito que os homens têm por natureza de se protegerem, quando ninguém mais pode protegê-los, não pode por contrato algum ser renunciado" (*L* 21.272). A implicação aqui é que os *súditos* não podem transferir o direito natural de determinar o que promove sua autopreservação. Se, por exemplo, o soberano sanciona algumas leis que, em minha opinião, ameaçam minha vida, eu teria o direito natural de desobedecer a essas leis? Pareceria que Hobbes deve responder afirmativamente. Não somente isso, mas Hobbes adiante sugere que o súdito não somente retém o direito de autopreservação, mas também direito a uma boa vida. "Ao passo que é necessário, a todos os homens que busquem a paz, renunciar a certos direitos de natureza", afirma Hobbes, "é igualmente necessário, para a sua vida, que eles mantenham alguns outros, como o de governar seus próprios corpos, o de desfrutar do ar, da água, do movimento, dos meios para ir de um lugar ao outro, e a todas as outras coisas sem as quais um homem não pode viver, ou não pode viver bem" (*L* 15.212). Hobbes implica aqui que o súdito mantém o direito de "viver bem", e assim pode justamente desobedecer ao soberano nos casos em que a vida boa é ameaçada. Se isso é verdade, então parece que os súditos de um Estado são a fonte fundamental do direito e do poder político.

Passagens a considerar

Comentários e questões à passagem 1

A passagem 1 é retirada do *Leviathan*, imediatamente após Hobbes descrever os direitos do soberano. Nessa passagem,

Hobbes discorda de certos pensadores políticos que afirmam que reis ou governantes, ao terem mais poder do que qualquer indivíduo em um Estado, fundamentalmente, tem menos poder do que os indivíduos tomados como um todo. Um rei pode estar acima de um súdito particular, dizem esses pensadores, mas não acima de todas as pessoas. Hobbes explica por que essa opinião é "absurda". Esta passagem exclui a noção de que súditos individuais não têm o direito de determinar quando o soberano os ameaçou?

> Passagem 1
>
> Esses são os direitos que fazem a essência da soberania e que são as marcas por meio das quais um homem pode discernir em qual homem, ou assembleia de homens, o poder soberano está colocado e reside [...] Sendo essa grande autoridade indivisível e inseparavelmente anexada à soberania, há pouca base para a opinião daqueles que dizem de reis soberanos que, embora sejam *singulis majores*, de maior poder do que cada um de seus súditos, são, apesar disso, *universis minores*, de menor poder do que todos eles juntos. Porque se, por *todos juntos*, eles significam não o corpo coletivo como uma pessoa, então *todos juntos* e *cada um* significam o mesmo e o discurso é absurdo. Mas se, por *todos juntos*, eles os entendem como uma pessoa (a qual o soberano exerce), então o poder de todos juntos é o mesmo que o poder do soberano e assim, uma vez mais, o discurso é absurdo (*L* 18.236-237).

Comentários e questões às passagens 2 e 3

Na passagem 2, Hobbes afirma que os indivíduos mantêm certos direitos naturais mesmo depois de transferir a maioria deles ao soberano. Mais especificamente, eles detêm o direito a "todas as coisas necessárias à vida". A questão importante é: Quem determina o que é ou não necessário para um súdito viver? De acordo com as observações psicológicas de Hobbes, "todos os homens, por necessidade de natureza, escolhem aquilo que, para eles, parece ser o menor mal" (*Ci* 6.5). Portanto, pareceria que Hobbes acredita que todos os seres humanos, necessariamente, determinarão para eles mesmos o que é ou não mau para eles. Na passagem 3, no entanto, Hobbes também afirma que o soberano está fundamentalmente encarregado de fazer essa determinação. Existe um modo de interpretar as passagens 2 e 3 de forma que elas se complementem?

> Passagem 2
>
> Como era necessário que um homem devesse não manter seu direito a tudo, assim também era o fato de que ele deveria manter seu direito a algumas coisas: ao seu próprio corpo (por exemplo), o direito de se defender – dos quais ele não poderia abrir mão –, ao uso do fogo, da água, do ar livre e de um lugar para viver, e a todas as coisas necessárias à vida. Nem a lei de natureza comanda qualquer privação de outros direitos, senão somente daqueles que não podem ser mantidos sem a perda da paz (*El* I.17.2).
>
> Passagem 3
>
> É também manifesto que todas as ações voluntárias têm seu começo na, e necessariamente dependem da, vontade; e que a vontade de fazer ou omitir qualquer coisa depende da opinião de bem e mal, de recompensa ou punição, que um homem concebe que ele deva receber pelo ato ou omissão; assim como as ações de todos os homens são reguladas pelas opiniões de cada um. Portanto, por evidência e necessária inferência, podemos entender que concerne muito aos interesses da paz que nenhumas opiniões ou doutrinas sejam entregues aos cidadãos pelas quais eles possam imaginar que: ou por direito eles possam não obedecer às leis da cidade, a saber, os comandos daquele homem ou conselho ao qual o supremo poder está confiado; ou que é legal resistir a ele; ou ainda que, para os que negam essas leis, resulta uma punição menor do que para aqueles que as obedecem [...] Segue-se, portanto, que esse, seja homem ou corte, ao qual a cidade confiou o poder supre-

> mo, tem também esse direito: que ele tanto julgue que opiniões e doutrinas são inimigas da paz como as proíba de serem ensinadas (*Ci* 6.11).

Comentários e questões à passagem 4

Na passagem 4, Hobbes discute algumas das situações específicas nas quais os indivíduos têm o direito de desobedecer ao soberano. O princípio básico por trás dessas situações é o direito do súdito de desobedecer nos casos em que tal desobediência não impede o soberano de completar as metas pretendidas. Nesses casos, o súdito encontra um substituto para realizar o trabalho. Alguém pode se perguntar, todavia, se tal desobediência justificada poderia, no longo prazo, levar a um poder soberano ineficaz. Por exemplo, se desobedeço ao comando do soberano para matar minha mãe porque encontro outro para fazê-lo, eu não estou enfraquecendo o poder do soberano? E se o soberano acredita que é necessário para um estado de paz que filhos devam estar dispostos a matar seus pais em defesa do Estado? Em tal caso, eu ainda teria o direito de recusar?

> Passagem 4
>
> Se, portanto, for ordenado que eu me mate, eu não sou obrigado a fazê-lo. Porque embora eu me negue a fazê-lo, ainda assim o direito de soberania não é frustrado, desde que outros possam ser encontrados que, sendo ordenados, não se recusarão a fazê-lo [...] Nem se ele ordenar a execução de um de meus pais, seja ele inocente ou culpado e condenado pela lei, desde que haja outros que, sendo ordenados, façam isso; um filho preferirá morrer a viver mal-afamado e odiado por todo o mundo (*Ci* 6.13.183).

Investigação: Que princípios limitadores da liberdade são justificados?

Uma das importantes questões em Filosofia Política é: O que justifica as limitações estabelecidas sobre a liberdade por meio da força política? De acordo com Hobbes, indivíduos em um estado de natureza devem renunciar a algumas de suas liberdades a fim de instituir um poder soberano que os protegerá. Tal proteção, alguém poderia dizer, é suposta para criar uma situação na qual os indivíduos estejam seguros o bastante para exercer quaisquer liberdades, que eles ainda possuam naturalmente ou que estejam garantidas pela lei. Embora possa parecer paradoxal, o soberano deve limitar ou negar alguns dos direitos dos cidadãos para proteger seus direitos à autopreservação. Muitos filósofos políticos concordam que o propósito do governo é proteger ou promover algumas das liberdades dos cidadãos, precisamente ao restringir outras. Mas quais liberdades deveriam ser protegidas e quais deveriam ser limitadas? Na tentativa de responder a essa questão, muitos filósofos políticos são guiados pelo "princípio básico de liberdade", que declara que indivíduos deveriam ser livres para fazer o que quer que eles queiram ao menos que exista uma *razão justificada* para restringir sua liberdade. Mas o que constitui uma razão justificada? Que justificação existe para limitar algumas liberdades em detrimento de outras? Em muitos lugares, por exemplo, indivíduos são obrigados, por lei, a usar cintos de segurança, mas não são legalmente impedidos de escalar montanhas. Por qual princípio um governo está justificado a me ameaçar com punição se eu não utilizar um cinto de segurança? Nesta seção, examinaremos algumas das respostas a essas questões. Mais especificamente, investigaremos quatro diferentes "princípios limitadores da liberdade": o princípio do dano, o princípio da ofensa, o paternalismo legal e o moralismo legal. Enquanto estiver lendo, você pode considerar as seguintes questões: Que princípios, se algum, você está preparado para defender? Que princípios fundamentam suas crenças sobre o que deveria ser legal (ou ilegal)? Você consistentemente aplica esses princípios? Sua aceitação de um princípio dado depende da situação?

O princípio do dano

De acordo com o *princípio do dano*, a liberdade para realizar certas ações pode ser justamente restrita *somente se* tais ações causarem dano a outros. Como John Stuart Mill afirma, "[o] único propósito, pelo qual o poder pode ser corretamente exercido sobre qualquer membro de uma comunidade civilizada contra sua vontade, é para impedir o dano a outros. Seu próprio bem, seja físico ou moral, não é uma garantia suficiente". Por exemplo, de acordo com esse princípio, leis que impeçam pessoas de intencionalmente torturar outros apenas por prazer seriam consideradas justificadas. Além disso, na execução das leis, um oficial de polícia estaria certo em usar força para parar um homem durante um tiroteio em uma alameda. Por outro lado, seria injusto para um governo decretar e executar leis que me impeçam de prejudicar a mim mesmo. Portanto, o estabelecimento e execução de leis sobre o uso do cinto de segurança não seria um uso justificado do poder do governo de acordo com o princípio do dano.

O princípio do dano parece estar bem fundamentado à primeira vista. Todavia, reflexão posterior leva a algumas questões interessantes e desconcertantes. Por exemplo, o que exatamente significa "dano"? Em casos tais como estupro e tortura, é óbvio que o criminoso causa dano *físico* à vítima. Mas, e sobre os outros tipos de dano? Um homem causaria dano a uma mulher ao seguir seus movimentos, ligando para ela várias vezes ao dia, ou visitando-a no trabalho, contra sua vontade? Muitas pessoas concordariam que perseguição constitui dano e que os governos estão justificados a interrompê-lo por meio da força. Mas de onde vem esse direito? É porque o homem está causando dano *emocional* à mulher? Se for assim, um governo tem o direito geral de impedir dano emocional? Vamos supor que eu me divorcie e deixe meus filhos contra a vontade deles; eu não estou causando dano emocional a eles? Parece que sim. É justo, portanto, para o governo, tornar ilegal o divórcio ou separação? Se não, qual é a diferença entre os dois casos? E mais, vamos assumir que um *voyeur* tira fotografias de sua vizinha enquanto ela se despe, sem seu conhecimento, e as fotografias nunca sejam vistas por ninguém mais senão pelo *voyeur*. Ela está sendo, de algum modo, prejudicada? Se estiver, um governo estaria justificado a impedir o *voyeur*?

O princípio da ofensa

O princípio da ofensa vai um passo mais longe do que o princípio do dano, justificando o uso do poder do governo para impedir ações *ofensivas*. De acordo com o princípio da ofensa, as liberdades de uma pessoa podem ser justamente limitadas se tal limitação impedir outros de serem ofendidos. Por exemplo, esse princípio sustenta que é justificado tornar ilegal para uma pessoa caminhar nua por um parque público precisamente porque tal ação é *ofensiva* a outros. Ao determinar o que é ofensivo aos outros, a lei deve apelar aos "padrões comuns de decência". O princípio da ofensa, no entanto, colide com o sério problema de tentar determinar o que conta como padrão comum de decência. É simplesmente uma questão de colocá-lo em votação? Alguma coisa é indecente se a maioria das pessoas diz que é? E, se é assim, a maioria das pessoas, em uma dada comunidade, cidade ou nação, é quem decide os padrões de decência? Além disso, o direito à liberdade de expressão geralmente conflita com o direito de não ser ofendido. Assim, grupos religiosos se opondo ao aborto exibem, frequente e publicamente, cartazes com imagens de fetos abortados. Tais imagens, alguém pode argumentar, são altamente perturbadoras e, portanto, ofensivas. Isso deveria tirar seu direito de se manifestar contra o aborto dessa maneira?

Moralismo legal

O moralismo legal sustenta que as liberdades podem ser justamente restringidas se tal restrição impedir ações *imorais*. Em muitos lugares, por exemplo, a homossexualidade é proscrita, principalmente por ser considerada imoral. Duas pessoas do mesmo sexo engajadas em um ato sexual entre quatro paredes não afeta imediatamente a outros, portanto, esse tipo de ação não cai sob o princípio do dano ou o da ofensa; o propósito desses princípios é impedir ações que causam dano ou ofensa imediata a outros indivíduos. O moralismo legal, ao contrário, tenta impedir ações imorais porque tais ações, argumenta-se, causam erosão social e ameaçam a saúde da comunidade. A crença de que um objetivo das leis deveria ser o de criar uma sociedade moral levanta sérias questões. Por exemplo, de quem deveriam ser as opiniões morais usadas para compor leis? Uma vez mais, a maioria decide o que é ou não moral? Se é assim, sociedades que aceitam a moralidade da escravidão estariam justificadas em utilizar escravos. Além disso, mesmo que fosse admitido por todos que certas ações são imorais, deveria ser o propósito do governo impedi-las? Vamos supor que todos concordem que é imoral para um homem dizer para sua esposa que está indo trabalhar quando, na realidade, ele está indo jogar golfe com seus amigos. Mentir, é claro, é uma ação imoral na maioria dos casos. Se se torna uma prática comum, produzirá discórdia social. Até que ponto é justo para um governo impedir a mentira ou outras ações imorais?

Paternalismo legal

Enquanto os outros princípios estão fundamentalmente ocupados com restringir as liberdades de um indivíduo para proteger outros, o paternalismo legal está ocupado com prevenir alguém de prejudicar a si mesmo. De acordo com o paternalismo legal, é justo restringir as liberdades de um indivíduo se isso impedir dano somente à pessoa. É comumente aceito que os pais não somente têm o direito, mas a obrigação, de fazer seu melhor para impedir seus filhos de se prejudicarem. Os pais geralmente restringem a liberdade da criança para seu próprio bem, mesmo que a criança discorde energicamente da restrição. Uma menina de dois anos, por exemplo, pode desejar descer desacompanhada uma escada perigosa, mas os pais estão certos em impedi-la. O paternalismo legal argumenta que o papel do governo é análogo ao dos pais. Os cidadãos devem ser protegidos, para seu próprio bem, de prejudicarem a si mesmos. Em alguns lugares, é ilegal andar de bicicleta sem um capacete. Nesse caso, o governo tenta impedir o indivíduo de realizar uma ação que é diretamente prejudicial somente ao indivíduo. Até que ponto, alguém pode perguntar, um governo está certo em assumir um papel parental? Não deveria ser permitido, a mim, praticar *snowboard*, por exemplo, mesmo que seja perigoso? Eu deveria ser forçado a usar o cinto de segurança? Esse princípio poderia ser usado para regular meus hábitos alimentares?

Você aplica consistentemente princípios limitadores da liberdade?

Tendo sido introduzido aos princípios limitadores da liberdade, é hora de você considerar se você consistentemente aplica esses princípios. Faça uma lista de várias leis que, em sua opinião, justamente limitam a liberdade de uma pessoa. Então, tente determinar que princípio está em vigor em cada caso. Você pode encontrar um exemplo de cada princípio? Se você aceita um princípio em um caso, por que você não o aceitaria em outro? Por exemplo, vamos supor que você acredite que o governo deveria impedir seu vizinho de baixar as calças em frente da sua casa toda vez que ele passasse por ela. Não é porque você é ofendido por essa ação? E, se é assim, se você aceita o princípio da ofensa nesse caso, por que não aceitá-lo em todos?

Conclusão

Neste capítulo, o sumário da filosofia política de Hobbes revelou os seguintes pontos: (1) o propósito de instituir um governo é o de escapar do perigoso estado de natureza; (2) os direitos do soberano acarretam o absolutismo político; (3) indivíduos no estado de natureza devem fundamentalmente escolher permanecer no estado de natureza ou aceitar serem governados por um soberano absoluto; (4) a monarquia é superior a outros tipos de governo; (5) um Estado adquirido por meio de conquista tem a mesma legitimidade que um governo instituído; (6) os súditos mantêm direitos limitados em um Estado, o mais importante dos quais é o direito de se proteger. Após o sumário, um problema interpretativo concernente ao absolutismo político de Hobbes foi apresentado. Como vimos, existem evidências de que Hobbes mina seu absolutismo político ao sugerir que indivíduos, mesmo em um Estado, devem determinar quando suas vidas estão em perigo. Na seção Investigação, questões concernentes a princípios limitadores da liberdade foram levantadas. Como vimos, poderíamos argumentar que um governo está justificado a usar a força para restringir liberdades individuais se ao fazer isso prevenir as pessoas de prejudicarem ou ofenderem outras, de realizarem ações imorais ou de prejudicarem a si mesmas.

6
A filosofia da religião de Hobbes

A Filosofia da Religião é o ramo da Filosofia que levanta questões sobre Deus, a vida após a morte e a natureza de nossa experiência religiosa: Existe um Deus? O que podemos saber sobre Deus? Por que Deus permite o mal no mundo? Que deveres e obrigações, se algum, Deus impõe sobre nós? Deus desempenha um papel ativo no curso da história? A alma existe após a morte? Tais questões não são apenas filosoficamente relevantes para Hobbes, mas suas respostas têm consequências políticas importantes. Hobbes viveu durante um tempo de séria controvérsia religiosa. Em 1517, a Reforma Protestante começou a lançar dúvida sobre as alegações da Igreja Católica de ser a única autoridade própria sobre a doutrina cristã. Vários líderes religiosos disputaram pela lealdade das pessoas comuns e de representantes políticos, e, como argumenta Hobbes, tentaram usar sua influência recém-fundada para afastar seus seguidores da obediência legal ao rei. Portanto, a concepção de Hobbes acerca da religião tem uma relevância imediata para sua filosofia política. Neste capítulo, investigaremos sua filosofia da religião. A primeira seção fornece um sumário das suas concepções filosóficas sobre Deus e religião. Como veremos, Hobbes acredita que a razão natural pode ser usada para provar a existência de Deus, embora não possa nos dizer muito sobre suas características. Além disso, Hobbes argumenta que a autoridade para determinar a doutrina religiosa deveria essencialmente residir nas mãos do soberano, porque se essa autoridade se encontrasse em outra fonte, isso resultaria, em última instância, em conflito civil. Na segunda seção, você será introduzido a dois diferentes tipos de interpretação relativos às concepções de Hobbes sobre religião. De acordo com alguns estudiosos, a crença de Hobbes em Deus desempenha um papel menor, se algum, na lógica de seus argumentos filosóficos. Por outro lado, alguns estudiosos acreditam que Deus está no coração de sua filosofia. Após considerar os temas, você pode decidir por você mesmo que interpretação é mais razoável. O capítulo conclui com uma investigação sobre o problema do mal. A principal questão levantada nessa seção é: Por que um Deus bom e perfeito permite que o mal exista neste mundo?

Sumário: A filosofia da religião de Hobbes[47]

Fé e razão

Informação sobre Deus, de acordo com Hobbes, é obtida de duas fontes: a razão natural e as Sagradas Escrituras. Hobbes acredita que tanto a razão como a Escritura são dadas por Deus de modo que possamos vir a ter conhecimento dele e de seus comandos. Muitos fiéis religiosos, incluindo Hobbes, são forçados a questionar a relação entre razão e fé, especialmente quando os dois parecem entrar em conflito. Por exemplo, alguns cristãos aceitam a noção de Trindade, segundo a qual existem três pessoas individuais em um só Deus: o Pai, o Filho e o Espírito Santo. Nesse caso, cada pessoa na Trindade não é somente um ser único, mas é também identificado com o próprio Deus. A ideia de que Deus é simultaneamente um e três é um artigo de fé que parece ser contrário à razão. Como uma coisa é o mesmo que três coisas? Claramente, podemos tentar tornar a ideia de Trindade compreensível através de uma interpretação criativa dela. Por exemplo, poderíamos dizer que Deus é similar a um trevo de três folhas. Nesse caso, o Pai, o Filho e o Espírito Santo são três seres separados que são parte de um Deus que é numericamente um. Ou, como outro exemplo, podemos afirmar que a Trindade é similar a uma família com

---

47. Para um exame abrangente da filosofia da religião de Hobbes, cf. MARTINICH, 1992.

três membros, que poderiam ser considerados um e três ao mesmo tempo. Se uma ou outra explicação é uma interpretação razoável de um ponto de fé desconcertante, eu deixo para você decidir. O ponto geral aqui é que fiéis religiosos devem decidir por si mesmos qual é a relação entre fé e razão. O que acontece quando um artigo de fé não pode ser razoavelmente explicado? Devemos adaptar nossa fé para se adequar à razão ou devemos abandonar a razão e nos apegar à fé? De acordo com Hobbes, não devemos rejeitar a razão na tentativa de entender a Palavra de Deus. "Porque, embora existam muitas coisas acima da razão na Palavra de Deus, quer dizer, que não podem pela razão natural ser demonstradas nem refutadas", diz Hobbes, "não existe contrariedade nisso" (*L* 32.409-410). Com a ajuda da razão, uma "interpretação sábia e instruída da Escritura" pode revelar "todas as regras e preceitos necessários ao conhecimento de nosso dever tanto para com Deus como para com o homem, sem entusiasmo ou inspiração sobrenatural" (*L* 32.414). É claro que existem muitas partes da Bíblia que são aparentemente irracionais ou incompreensíveis para nós. Em tais casos, diz Hobbes, "a falta é ou de nossa interpretação inábil ou de nosso raciocínio errôneo" (*L* 32.410). Fé e razão, de acordo com Hobbes, são compatíveis, mas, nos casos em que elas sejam incompatíveis, a fraqueza de nossa razão é revelada.

Conhecimento de Deus e de suas leis por meio da razão

O poder da razão, diz Hobbes, é a "palavra natural de Deus", dada a nós como um guia para "a justiça, a paz e a verdadeira religião" (*L* 32.409). Como visto no capítulo 4, Hobbes mostra que a razão humana descobre as leis de natureza, que podem ser consideradas em um dentre dois sentidos. Por um lado, as leis naturais são preceitos prudenciais que nos dirigem à autopreservação; por outro, são leis divinas que nos dirigem em direção à vida moral e política. Além disso, para nos ajudar a entender as leis de Deus, Hobbes acredita que a razão natural pode ser usada para provar que Deus existe. Hobbes usa o "argumento da primeira causa" para mostrar que algum ser eterno deve ter começado os movimentos do universo. De acordo com esse argumento, cada evento (ou "efeito") no universo natural é causado por um evento prévio (sua "causa"), que ele próprio é um efeito com uma causa anterior, e assim por diante. Uma vez que essa cadeia de eventos não pode estender-se ao passado indefinidamente, prossegue o argumento, deve existir uma primeira causa que é responsável por ter iniciado tudo.

> Porque aquele, que de algum efeito que vê acontecer, deveria raciocinar para a causa próxima e imediata desse efeito, e daí para a causa daquela causa, e imergir profundamente na busca pelas causas; devendo chegar, ao menos, a isso: que deve existir (como mesmo os filósofos pagãos confessaram) um primeiro motor, a saber, uma primeira e eterna causa de todas as coisas, que é aquela que os homens significam pelo nome de Deus (*L* 12.170).

O argumento da primeira causa, é claro, fornece muito pouca informação sobre a natureza de Deus; ele simplesmente declara que Deus põe o mundo natural em movimento. Ele não nos diz, por exemplo, se Deus desempenha qualquer papel direto em nossas vidas.

Embora Hobbes acredite que seja possível provar que Deus existe, ele diz que o conhecimento humano de outros atributos de Deus é severamente limitado. "Porque a natureza de Deus", diz Hobbes, "é incompreensível, quer dizer, nós não entendemos coisa alguma acerca do que Ele é, mas somente que Ele é" (*L* 34.430). Nesse caso, Hobbes se vincula a um tipo de "teologia negativa", que é a concepção de que não podemos dizer o que Deus é, mas somente o que Ele não é. Não podemos, em outras palavras, usar adjetivos positivos para descrever Deus, mas somente negativos. "Aquele que atribuir a Deus nada senão o que é garantido pela razão natural", diz Hobbes, deve "usar tais atributos negativos, como *infinito, eterno, incompreensível*" (*L* 31.403). Em outras palavras, Deus é *não finito*, *não* passível de morte e *não* compreensível.

Problema desconcertante: O problema acerca de falar sobre Deus

De acordo com Hobbes, não podemos realmente compreender a natureza de Deus. Todavia, Hobbes não somente fala de Deus em termos do que Ele não é, mas também em termos do que Ele é. Por exemplo, Hobbes afirma que Deus é o "mais elevado", "justo", "sagrado" ou "bom" (*L* 31.403). Hobbes é pego em contradição nesse tema? Hobbes diz que qualquer contradição é somente aparente porque suas palavras descritivas são usadas para *louvar* a Deus, em vez de *descrever* Deus. Existe uma grande diferença, em outras palavras, entre uma elucidação filosófica e uma exaltação religiosa dos atributos de Deus. A resposta de Hobbes é boa?

Religião e superstição

Religião e superstição, de acordo com as definições de Hobbes, são definidas como diferentes tipos de medo. Hobbes define religião, por exemplo, como "medo do poder invisível, inventado pela mente ou imaginado por histórias publicamente permitidas" (*L* 6.124). Superstição, diz Hobbes, tem a mesma definição que religião, exceto que ela termina com "não publicamente permitida". Essas definições são interessantes por algumas razões. No primeiro caso, a ideia de que religião é um tipo de medo pode parecer estranha. A estranheza se dissipa, no entanto, quando consideramos que Hobbes acredita que as religiões se originam por causa do medo. De acordo com Hobbes, crenças religiosas sobre seres divinos surgem porque os seres humanos são naturalmente curiosos por conhecer as razões pelas quais coisas boas e más acontecem a eles. É claro, em muitos casos as causas de tais eventos não são imediatamente conhecidas, e assim os seres humanos naturalmente postulam a existência de "poderes invisíveis" que controlam ou influenciam seus destinos. Por medo de males futuros possíveis, os seres humanos tentam agradar esses poderes invisíveis através de meios típicos de adoração: oferecer presentes, expressar reverência, bom comportamento e assim por diante. Portanto, por conta do medo (e falta de conhecimento), religiões e práticas religiosas são estabelecidas. O segundo aspecto interessante das definições de Hobbes para religião e superstição é o fato de que a única diferença é se a lei civil aceita ou rejeita as histórias religiosas. Assim, por exemplo, em uma nação cristã, cujo soberano não permita histórias hindus sobre os deuses, tais histórias seriam consideradas superstições. Mas, se a nação cristã decide permitir histórias hindus, então elas cessarão de ser supersticiosas. Talvez por causa desse tema, Hobbes tenha considerado que era necessário definir o que uma "verdadeira" religião é. Uma religião é verdadeira, diz Hobbes, "quando o poder imaginado é verdadeiramente tal como imaginamos" (*L* 6.124). Em outras palavras, pareceria que as histórias de uma verdadeira religião acuradamente descreveriam os "poderes invisíveis" que são essencialmente responsáveis por nossas vidas.

Problema desconcertante: O problema da religião e da superstição

As definições de religião e de superstição, de Hobbes, parecem apresentar um problema porque elas implicam que as crenças cristãs seriam superstições se não fossem permitidas, como foi o caso na Roma Antiga, antes de Constantino. Hobbes, no entanto, declara ser um cristão, e assim a veracidade de suas próprias crenças religiosas parece depender de elas serem permitidas pelo Estado. Então, se fosse o caso de que crenças cristãs sobre a natureza de Deus são acuradas, portanto, tais crenças poderiam ser simultaneamente verdadeiras e supersticiosas. Se Hobbes vivesse sob um soberano que proscrevesse o cristianismo, o cristianismo, portanto, seria meramente uma superstição? Como Hobbes pode tentar responder a essa questão?

Religião e política

Em seu trabalho histórico *Behemoth*, Hobbes coloca muito da culpa pela Guerra Civil Inglesa nos líderes religiosos. De acordo com Hobbes, muitos líderes religiosos encorajaram seus fiéis a seguir Deus em vez do rei, como se o rei os estivesse conduzindo por um caminho para longe de Deus. Mais especificamente, Hobbes culpa os presbiterianos, papistas (católicos) e outros grupos religiosos que advogavam liberdade de religião. Na concepção de Hobbes, pregadores presbiterianos afirmavam ter um direito, concedido por Deus, de governar o povo, não somente em sua vida espiritual, mas em sua vida política. Hobbes reclama que os pregadores presbiterianos não usavam a razão ou o argumento para convencer as pessoas, mas truques para cativar suas audiências. Em *Behemoth*, que é escrito na forma de diálogo, um dos personagens afirma que as ações misteriosas dos pregadores "teriam um efeito sobre mim de modo a me fazer pensá-los deuses e ficar maravilhado por eles como pelo próprio Deus"[48]. É também afirmado que muitas "doutrinas estéreis e perigosas" foram aceitas pelo povo inglês porque eles foram "aterrorizados e maravilhados pelos pregadores"[49]. Foi de tal maneira que os "ministros presbiterianos, durante toda guerra, instigaram o povo contra o rei"[50].

Hobbes não culpa apenas os presbiterianos por incitar a agitação civil, mas os católicos também. Hobbes afirma que os católicos propuseram a visão de que o povo deveria ser governado pelo papa, que é considerado o representante de Deus na terra e o líder de todo povo cristão. Embora os papas não desafiassem diretamente os governantes soberanos, diz Hobbes, eles geralmente usavam seu "poder espiritual" para enfraquecer o "poder temporal" do soberano. O poder espiritual do papa, de acordo com Hobbes, consiste no poder de excomungar aqueles que não aceitam os pontos de fé estabelecidos pela Igreja Católica. O poder temporal, por outro lado, supostamente pertence ao soberano e inclui o poder de julgar e punir aqueles que violam as leis civis. Os papas, diz Hobbes, não estão contentes com serem apenas líderes espirituais, por isso eles estendem seu poder espiritual de tal modo a delimitar o poder temporal do rei. O direito mais perigoso alegado pelos papas, diz Hobbes, é o direito de "absolver súditos de seus de-

48. HOBBES, 1846, p. 186.

49. Ibid., p. 252.

50. Ibid., p. 362.

veres, e de seus juramentos de fidelidade aos seus soberanos legais, quando o papa pensasse ser adequado para a extirpação da heresia"[51]. Os papistas, assim como os presbiterianos, criavam situações de lealdade dividida ao prejudicar o poder temporal da soberania civil. "Esse poder de absolver súditos de sua obediência", diz Hobbes, "é a soberania mais absoluta possível, e consequentemente devem existir dois reinos em uma e mesma nação, e nenhum homem é capaz de saber a qual dos mestres ele deve obedecer"[52].

Hobbes também coloca parte da responsabilidade pela Guerra Civil Inglesa nos independentes, anabatistas, quacres e adamitas. Esses grupos religiosos, de acordo com Hobbes, nasceram de uma "controvérsia entre os papistas e a Igreja Reformada que instigou cada homem, com todas as forças, a examinar pelas Escrituras qual deles tinha razão"[53]. Os conflitos ideológicos entre protestantismo e catolicismo, em outras palavras, instigaram muitas pessoas a interpretarem a Bíblia por si mesmas. Por conta disso, as pessoas acreditavam que poderiam determinar a Palavra de Deus por elas mesmas. Tais pessoas, diz Hobbes, "pensavam falar com Deus Todo-poderoso e entender o que Ele dizia"[54]. Se as pessoas "falam com Deus" diretamente, porém, então cada pessoa pode decidir por si mesma quais leis civis são contrárias às leis de Deus, dando a elas uma razão para desobedecer ao soberano. Assim como com os presbiterianos e os católicos, Hobbes acredita que esses líderes religiosos provocavam problemas políticos ao criarem situações de lealdade dividida entre Deus e o rei.

Embora Hobbes vivesse em um país e época em que a vasta maioria das pessoas declarasse ser cristã, existiam ainda muitos debates concernentes à verdade das doutrinas cristãs. Hobbes afirma que a razão deve ser usada habilmente para interpretar as Sagradas Escrituras. Porém, podemos perguntar, o que conta como uma interpretação "hábil" da Palavra de

---

51. Ibid., p. 173.

52. Ibid.

53. Ibid., p. 190.

54. Ibid.

Deus? E, ainda, o que conta como Palavra de Deus? Ainda que os cristãos concordem que a Bíblia revele a Palavra de Deus, existe um debate acerca de quais livros da Bíblia deveriam ser considerados canônicos. Outra questão importante, portanto, surge: Quem deveria ter a autoridade para determinar e interpretar as Sagradas Escrituras? Hobbes considera quatro respostas possíveis a essa questão: indivíduos privados, profetas de Deus, autoridades religiosas estabelecidas (independente do Estado político) ou soberanos. De acordo com Hobbes, a quarta possibilidade não é somente a mais razoável, mas também a mais politicamente prática.

Se cada pessoa for responsável por interpretar a Palavra de Deus, afirma Hobbes, situações de lealdade dividida entre Deus e o soberano provavelmente surgirão. Em muitos casos, as pessoas podem ver um conflito entre os comandos de Deus e os do soberano. Muitas pessoas, incluindo Hobbes, reconhecem que deveríamos obedecer à lei de Deus quando ela entra em conflito com a lei civil. Quando os "comandos de Deus e dos homens possam diferir", diz Hobbes, "devemos obedecer a Deus em vez do homem" (*El* II.6.2). No capítulo 4, vimos que indivíduos em um estado de natureza têm o direito de determinar por si mesmos o que é ou não conducente à sua própria preservação. Vimos também que a retenção desse direito conduz a um estado de guerra. Similarmente, acredita Hobbes, se os indivíduos mantêm seu direito natural de interpretar a Palavra de Deus, então o conflito e a guerra civil consequentemente se seguirão. Para evitar tal calamidade, os indivíduos devem colocar a autoridade para interpretar a Escritura nas mãos de uma terceira parte. De acordo com Hobbes, essa terceira parte deve ser o soberano, não os profetas ou líderes religiosos. Não deveríamos apelar para os profetas, afirma Hobbes, porque ninguém pode determinar se Deus verdadeiramente falou a eles. "Porque se um homem alega para mim que Deus falou a ele, sobrenatural e imediatamente, e eu duvido disso", diz Hobbes, "eu não posso facilmente perceber que argumento ele pode produzir para me obrigar a acreditar nisso" (*L* 32.411). Dar a autoridade de interpretar a Escritura a líderes religiosos, tais como o papa, não é uma opção viável, uma vez que isso também produzirá discórdia civil nos casos em que o soberano e a autoridade religiosa discordarem. "Portanto, pode ser concluído que a interpretação de todas as leis, tanto as sagradas como as seculares, depende da autoridade da cidade, quer dizer, daquele homem ou conselho ao qual o poder soberano é confiado" (*Ci* 15.305). Essa é a única possibilidade de evitar conflito civil baseado em diferenças religiosas. Além disso, devemos notar que Hobbes acredita que os cidadãos podem privadamente acreditar no que quer que desejem acerca de Deus, mas eles devem publicamente adorar a Deus da maneira decidida pelo poder soberano.

A interpretação de Hobbes da Escritura

Em seus trabalhos sobre Filosofia Política, e especialmente no *Leviathan*, Hobbes dedica um bom número de páginas para a interpretação da Sagrada Escritura. Um dos principais objetivos dessas passagens interpretativas é mostrar que a Bíblia apoia, ou ao menos é consistente com suas ideias filosóficas e políticas. No *Leviathan*, por exemplo, Hobbes tenta mostrar como os vários termos usados na Bíblia, tais como "espírito" e "anjo", são perfeitamente compatíveis com sua filosofia materialista. Nos tempos de Hobbes, era comumente aceito que "substâncias incorpóreas", tais como almas e anjos, existissem em um domínio fora do físico. Para Hobbes, a razão natural nos diz que todas as substâncias são corpóreas. Assim, de acordo com a razão natural, a expressão "substância incorpórea" é equivalente à expressão autodestrutiva "corpo incorpóreo". Para apoiar essa conclusão da razão natural, Hobbes interpreta uma variedade de passagens bíblicas, às vezes com grande criatividade, a fim de mostrar que não existe evidência de que substâncias incorpóreas existam. No livro do Gênesis, por exemplo, é dito que "Deus fez o homem do pó da terra e soprou em suas narinas o sopro da vida e o homem foi feito uma alma viva". De acordo com a interpretação de Hobbes, o "sopro da vida inspirado por Deus significa não mais do que Deus deu a ele vida" (*L* 34.432). O "sopro da vida" e a "alma" não se referem necessariamente a entidades incorpóreas, mas poderiam simplesmente se referir a corpos muito finos que não poderiam ser detectados pela visão. De uma maneira similar, Hobbes interpreta passagens bíblicas para mostrar como elas apoiam, ou ao menos são consistentes com, seu absolutismo político. Em seus trabalhos sobre Filosofia Política, por exemplo, Hobbes enfileira numerosas passagens bíblicas para apoiar as várias conclusões políticas extraídas pela razão natural.

Problema desconcertante: O problema de interpretar a Palavra de Deus

Em todas as versões de sua filosofia política, Hobbes claramente afirma que o soberano deve ter a palavra final sobre doutrina religiosa e interpretação da Escritura. A fim de apoiar essa afirmação, Hobbes frequentemente se refere à Sagrada Escritura. Poderíamos nos perguntar o que Hobbes pensaria se o soberano interpretasse a Bíblia de modo que ela conflitasse com a própria concepção de Hobbes. Por exemplo, se o soberano afirmasse, contrário à interpretação de Hobbes, que existe evidência na Bíblia para a existência de substâncias incorpóreas. Como você pensa que Hobbes responderia?

Deus e moralidade

Na Grécia Antiga, Sócrates levantou a seguinte questão: Os deuses criaram os padrões de moralidade ou os padrões de moralidade existem independentemente dos deuses? Em um contexto monoteísta cristão, podemos perguntar se Deus proíbe o assassínio porque o assassínio é errado ou se o assassínio é errado porque Deus o proíbe. Filósofos religiosos, ou ao menos aqueles que acreditam em um Deus todo-poderoso e benevolente, geralmente se esforçam para encontrar uma resposta adequada a essa questão porque ela levanta um aparente conflito entre o poder de Deus e a sua bondade. Por um lado, se Deus é onipotente, podemos dizer então que Deus pode fazer qualquer coisa de qualquer modo; Ele poderia, por exemplo, ordenar as pessoas a realizarem ações imorais, tais como estupro e assassinato. Se, por outro lado, Deus é completamente benevolente, Ele não poderia realizar ou ordenar um ato imoral. Portanto, podemos argumentar, Deus não pode ser nem onipotente nem benevolente ao mesmo tempo. Confrontados por essa dificuldade, pensadores religiosos devem escolher enfatizar o poder de Deus ou sua bondade. Hobbes, aceitando o que é conhecido como a "teoria do comando divino da moralidade", escolhe enfatizar o poder de Deus em vez da sua bondade. De acordo com essa teoria, Deus é responsável por criar os padrões de moralidade que os seres humanos são naturalmente obrigados a seguir. Hobbes afirma que Deus tem um direito de governar simplesmente por causa de seu imenso poder. "Deus, em seu reino natural, tem um direito de governar e de punir aqueles que violem suas leis", diz Hobbes, "por seu único poder irresistível" (*Ci* 15.292). Não é tarefa nossa questionar se as leis ou punições são justas ou se as ações de Deus são justas. O que quer que Deus faça é justo, diz Hobbes, simplesmente porque Deus o faz. Essa posição tem consequências políticas óbvias quando consideramos que reis terrenos governam cidadãos como Deus governa seus súditos naturais. "Reis legítimos", diz Hobbes, "tornam as coisas que ordenam justas ao ordená-las, e aquelas que eles proíbem, injustas ao proibi-las" (*Ci* 12.245). Não é hipérbole, como sugeri no capítulo 5, que Hobbes chama o soberano o "deus mortal" na terra.

A teoria do comando divino da moralidade provê Hobbes com uma solução possível a um problema incômodo para os que acreditam em um Deus onipotente e benevolente, a saber, o "problema do mal". O problema surge quando consideramos a existência do mal e do sofrimento neste mundo. Se Deus verdadeiramente nos ama e tem o poder de fazer qualquer coisa, podemos perguntar: Por que Ele permite que pessoas inocentes sofram? Essa questão, de acordo com Hobbes, é basicamente a mesma que a questão acerca do que dá a Deus o direito de nos governar. "Aquela questão, tornada famosa pelas disputas dos antigos: Por que coisas más sobrevêm aos bons, e coisas boas, aos maus", diz Hobbes, "é a mesma que esta nossa: Por qual direito Deus dispensa coisas boas e más aos homens" (*Ci* 15.293). Como vimos, Hobbes acredita não somente que Deus tem um direito natural de nos governar, mas também que o poder imenso de Deus justifica todas as suas ações. Para ilustrar esse ponto, Hobbes se refere à história bíblica de Jó. Após levar uma vida verdadeiramente pia, Jó reclama a Deus das inumeráveis calamidades que ele enfrentou. Em resposta, Deus pergunta a Jó: "Onde estivestes vós quando Eu assentei a fundação da terra?". De acordo com Hobbes, Deus está justificando sua "punição" a Jó, apelando ao seu poder supremo. Enquanto alguns podem acreditar que Deus pune Jó por pecados ocultos, Hobbes não. Se Deus justificasse sua punição por referência aos pecados de Jó, afirma Hobbes, então Deus estaria restrito por nossos padrões morais. Deus, em outras palavras, usaria conceitos morais tipicamente humanos para explicar e justificar suas ações. Nesse caso, Jó seria punido porque ele pecou. Essa explicação se adequaria aos nossos padrões morais. Hobbes acredita que as ações de Deus são justas, porém, não porque elas se conformam aos nossos padrões de moralidade, mas simplesmente porque Ele as realiza. A solução de Hobbes ao problema do mal, portanto, é simplesmente dizer que Deus não é responsável pelo "mal" porque o que quer que ele faça é "justo", a despeito de como isso pareça para nós.

Interpretação: Deus desempenha um papel central na filosofia de Hobbes?

Intérpretes de Hobbes diferem grandemente sobre o papel das ideias religiosas em sua filosofia. Por um lado, alguns estudiosos de Hobbes desconsideram quase todos os elementos religiosos em seu pensamento. Seguidores do que é chamado a "interpretação secular" afirmam, por uma razão ou outra, que as referências religiosas de Hobbes são dispensáveis[55]. Por outro lado, defensores da "interpretação religiosa" de Hobbes acreditam que Deus desempenha um papel central em sua filosofia[56]. Devemos notar que essas duas categorias de interpretação são generalizações que não especificam um con-

55. Para exemplos dessa interpretação, cf. GAUTHIER, 1969; WATKINS, 1965.

56. Para exemplos dessa interpretação, cf. WARRENDER, 1965; MARTINICH, 1992.

junto detalhado de concepções; em cada interpretação, pode existir desacordo acadêmico. Assim, por exemplo, intérpretes religiosos de Hobbes podem ter ideias contrastantes acerca do papel de Deus em sua filosofia.

A interpretação secular

O tema comum, aceito por intérpretes seculares, é que Hobbes deveria ser lido como um filósofo político, moral e natural. O objetivo principal dos intérpretes seculares é mostrar que a filosofia moral e política de Hobbes não se baseiam em conceitos religiosos ou na crença em Deus. Hobbes, argumenta-se, é antes de tudo um *filósofo* interessado em propor argumentos lógicos que não dependam de pressuposições religiosas. O próprio Hobbes afirmava ter sido o primeiro filósofo a fazer uma genuína "ciência da política". Portanto, parece seguir-se que Hobbes acreditava que a demonstração de suas conclusões políticas e morais estavam livres das crenças religiosas. Ao passo que os intérpretes seculares admitem que Hobbes oferece uma prova tradicional da existência de Deus, a prova não revela informação importante alguma sobre o ser divino. De fato, a "teologia negativa" de Hobbes parece tornar a discussão filosófica acerca de Deus sem sentido. Para alguns intérpretes seculares, o principal objetivo da interpretação *filosófica* é analisar, avaliar e aprimorar os argumentos de Hobbes com vistas aos próprios argumentos. Nesse caso, as intenções de Hobbes são basicamente irrelevantes. Uma posição menos extrema afirma que a interpretação própria de Hobbes requer que entendamos suas intenções; contudo, quando se trata da relação entre as concepções religiosas e filosóficas de Hobbes, esses intérpretes afirmam que suas crenças teológicas sobre Deus não são basicamente importantes para seus argumentos filosóficos. Assim, por exemplo, intérpretes seculares geralmente defendem a "interpretação prudencial" das leis de natureza. Como discutido no capítulo 4, alguns intérpretes afirmam que as leis de natureza não contêm obrigações morais. Em vez disso, a obrigação surge, se tanto, quando indivíduos fazem acordos entre si. Tal interpretação descarta, por uma razão ou outra, a afirmação de Hobbes de que as leis de natureza são comandos de Deus. Pode ser dito, por exemplo, que Hobbes afirma isso para apaziguar leitores religiosos, mas que não é essencial ao seu argumento filosófico. A interpretação secular mais extrema é a de que Hobbes é um ateísta reservado que intencionalmente tenta subverter a crença em Deus e a prática da religião. Independente do que venha a ser o caso, a interpretação secular encontra um modo de tornar Deus irrelevante para as posições filosóficas fundamentais de Hobbes.

A interpretação religiosa

Intérpretes religiosos da filosofia de Hobbes afirmam não somente que Deus desempenha um papel central em seus argumentos filosóficos, mas também que sua fé nas crenças cristãs era genuína. Assim, por exemplo, alguns intérpretes religiosos afirmam que Deus é a peça-chave na teoria da obrigação moral de Hobbes. As leis de natureza, portanto, são moralmente obrigatórias porque elas são mandamentos de Deus. Alguns intérpretes religiosos afirmam que um dos principais objetivos de Hobbes era evitar o uso da fé cristã distorcida para fins políticos subversivos. Consequentemente, Hobbes dispensou uma grande quantidade de tempo racionalmente defendendo sua interpretação da Escritura e mostrando como ela apoiava seus argumentos políticos. Em vez de serem um aparte, as questões religiosas estavam no coração do projeto de Hobbes. Ignorar o papel de Deus e dos conceitos religiosos na filosofia de Hobbes, argumenta-se, resultaria em uma interpretação seriamente inadequada e incompleta. Questões teológicas, argumenta-se, permeiam o pensamento político de Hobbes. No *Leviathan*, por exemplo, os dois últimos livros são exclusivamente dedicados a questões teológicas. Importa destacar, no entanto, que os intérpretes religiosos afirmam que as premissas teológicas são importantes para os principais argumentos filosóficos de Hobbes. Assim, a força moral das leis de natureza de Hobbes seria irreal, a menos que Deus tenha um comando natural sobre os seres humanos. Por meio de interpretação criativa, podemos extirpar as premissas religiosas de

Hobbes e ainda apresentar um argumento "hobbesiano" viável; todavia, tal argumento seria aquele que Hobbes *podia ter* apresentado *se* ele estivesse tentando apresentar argumentos livres de pressuposições teológicas. Isso, de acordo com os intérpretes religiosos, não foi o caso.

Passagens a considerar

Comentários e questões às passagens 1 e 2

Alguns intérpretes seculares argumentaram que Hobbes foi um ateísta que estava tentando subverter a crença em Deus. Dadas as perigosas consequências de professar o ateísmo no século XVII, foi necessário a Hobbes comunicar sua mensagem secretamente. Hobbes revelaria as peças de um quebra-cabeça, por assim dizer, para então permitir ao leitor extrair a conclusão adequada. As passagens 1 e 2 fornecem duas peças do quebra-cabeça que se conectam para mostrar que não existe tal coisa como uma religião verdadeira. A verdadeira religião, de acordo com a passagem 1, representa uma religião cujas crenças imaginadas sobre Deus correspondem ao modo como Deus realmente é. Todavia, na passagem 2, Hobbes afirma que não é possível de modo algum imaginar Deus. Se não podemos ter uma imagem de Deus e se a verdadeira religião requer uma imagem correta de Deus, então parece seguir-se que não pode existir uma religião verdadeira. Você acredita que Hobbes estivesse tentando secretamente comunicar essa mensagem? Como um intérprete religioso de Hobbes pode resolver a aparente inconsistência das afirmações de Hobbes?

> Passagem 1
>
> Medo do poder invisível, inventado pela mente ou imaginado a partir de histórias publicamente permitidas, [é] religião; quando não permitidas, [é] superstição. E, quando o poder imaginado é verdadeiramente tal como nós imaginamos, [é] verdadeira religião (*L* 6.124).
>
> Passagem 2
>
> Porque, tal como um homem que nasceu cego, ouvindo homens falarem sobre se aquecerem junto

> ao fogo e sendo trazido ao próprio aquecimento pela chama, pode facilmente conceber e assegurar-se de que existe alguma coisa lá que os homens chamam fogo e é a causa do calor que ele sente, mas [ele] não pode imaginar como é o fogo, nem ter uma ideia dele em sua mente, tal como aqueles que o viram; assim também, pelas coisas visíveis nesse mundo, e sua admirável ordem, um homem pode conceber que exista uma causa delas, à qual os homens chamam Deus, e, todavia, não têm uma ideia ou imagem dele em sua mente (*L* 11.167).

Comentários e questões às passagens 3 e 4

Foi sugerido que Hobbes estava tentando subverter a crença em todas as religiões, incluindo o cristianismo. Podemos encontrar evidência para essa concepção nos comentários de Hobbes acerca de milagres, profecia e revelação divina. De acordo com Hobbes, a habilidade para realizar milagres não é um sinal suficiente de um profeta verdadeiro. Além disso, parece não existir um modo certo para determinar se alguém é um profeta ou não. Revelação divina, em outras palavras, é altamente suspeita. De acordo com sua afirmação explícita, Hobbes está atacando a fundação de outras religiões além do cristianismo. Todavia, ele também não lança dúvida igualmente sobre as crenças cristãs? Na passagem 3, Hobbes mostra que a religião requer uma crença fundamental em uma pessoa sagrada, mas se os sinais ou "símbolos" da divindade são colocados em questão, então a própria religião pode ser colocada em questão. Na passagem 4, Hobbes conclui que não existem sinais reais para determinar se alguém é divinamente inspirado. A despeito dessa afirmação, ele parece reconhecer que Jesus foi um verdadeiro salvador e que os escritores da Sagrada Escritura foram inspirados. Hobbes tem razões para acreditar que o cristianismo é racionalmente superior a outras religiões? Que razões filosóficas, se alguma existe, Hobbes dá que nos permitiria aceitar que Jesus foi um verdadeiro profeta de Deus?

Passagem 3

Porque, vendo que toda religião formada é fundada no início sobre a fé que uma multidão tem em alguma pessoa a qual acreditam não somente ser um homem sábio e trabalhar para buscar a felicidade deles, mas, também, ser um homem sagrado, a quem Deus mesmo concede declarar sua vontade sobrenaturalmente; segue-se necessariamente que, quando aqueles que têm o governo da religião vierem a ser alvo de desconfiança ou da sabedoria daquela multidão, de sua sinceridade, ou de seu amor, ou que sejam incapazes de mostrar qualquer símbolo provável da revelação divina; que a Religião que eles desejam sustentar seja igualmente alvo de desconfiança (sem o medo da espada civil), contraditada e rejeitada (L 12.179).

Passagem 4

Vendo, portanto, que milagres cessam agora, não temos sinal algum por meio do qual reconhecer as revelações ou inspirações simuladas de nenhum homem privado; nem obrigação de dar ouvidos a qualquer doutrina, para além do que seja compatível às Sagradas Escrituras, as quais, desde o tempo de nosso Salvador, provêm o lugar e suficientemente recompensam a falta de toda outra profecia (*L* 32.414).

Comentários e questões à passagem 5 e 6

Um tema importante para os intérpretes de Hobbes é se Deus é necessário para a existência da obrigação moral. Intérpretes seculares afirmam que pode ser encontrada na filosofia de Hobbes uma teoria da obrigação moral que não depende de Deus. De acordo com essa concepção, os seres humanos *criam* obrigações morais, ou se colocam sob obrigações morais, quando voluntariamente abandonam seus direitos. Se eu voluntariamente abro mão de meu direito de cultivar um campo específico, então eu me obrigo a não fazer isso. Na passagem 5, Hobbes oferece suporte para essa concepção. Por outro lado, Hobbes afirma, na passagem 6, que os seres humanos frequentemente se obrigam através de "palavras", porém essas palavras não têm efeito algum a menos que sejam apoiadas pela força. Intérpretes religiosos afirmam que Deus fornece a força que efetiva a obrigação moral. A combinação das passagens 5 e 6 fornece mais suporte para a interpretação secular ou para a religiosa? Deus é necessário para uma noção de obrigação moral em Hobbes?

> Passagem 5
>
> E quando um homem, de um modo ou de outro, abandonou ou garantiu seu direito, então ele é dito ser obrigado, ou compelido, a não obstruir aqueles a quem esse direito é garantido, ou abandonado, do benefício dele; e que ele deve, e é seu dever, não tornar vazio aquele seu próprio ato voluntário; e que tal obstáculo é *injustiça* e *injúria*, como sendo *sine jure* [(sem direito)], uma vez que o direito foi renunciado ou transferido (*L* 14.191).
>
> Passagem 6
>
> E esses sinais [de que uma pessoa abandonou um direito] são ou palavras somente, ou ações somente; ou, como ocorre com mais frequência, tanto palavras como ações. E os mesmos são os *vínculos*, pelos quais os homens estão compelidos e obrigados; vínculos que recebem sua força, não de sua própria natureza (porque nada é mais facilmente quebrável do que a palavra de um homem), mas do medo de alguma má consequência pela ruptura (*L* 14.191-192).

Investigação: Por que Deus permite que o mal exista?

O problema do mal apresenta um desafio complexo para aqueles que acreditam em um Deus onipotente, benevolente e onisciente. Nosso mundo parece estar repleto de uma pletora de "males" aparentemente inexplicáveis. Um terremoto atinge uma pequena cidade e deixa muitas pessoas mortas, feridas e sem teto; indivíduos inocentes são raptados, estuprados e torturados; crianças nascem com doenças que não dá a elas chance alguma de terem uma vida saudável ou longa. Se você acredita em um Deus bom que sabe tudo e é todo-poderoso, você pode ter se perguntado por que Ele (ou Ela) permitiria que tais eventos ocorressem. Se você se perguntou, então você já confrontou o problema do mal. Nesta seção, consideraremos três das soluções tradicionais ao problema do mal. É sua a tarefa de decidir se algum deles genuinamente soluciona o problema.

A solução do livre-arbítrio

Uma solução para o problema do mal é dizer que o mal resulta de nosso próprio livre-arbítrio. Deus, sendo benevolente, nos deu a faculdade do livre-arbítrio como um dom para tornar nossas vidas inerentemente mais valiosas. Sem o livre-arbítrio, nós, teoricamente, não seríamos mais do que máquinas operando no mundo de acordo com um padrão estrito e predizível. Tal vida, argumenta-se, é imensamente inferior a uma vida com a liberdade para decidir nossas próprias ações. Em outras palavras, é melhor ter a liberdade para escolher entre o bem e o mal, mesmo que isso tenha resultados negativos, do que não ter de modo algum essa liberdade de escolha. Deus não deveria, portanto, ser culpado pelo modo como usamos nossa liberdade. Em vez disso, nós somos completamente responsáveis pelo mal no mundo. Ao passo que essa posição tem certo grau de plausibilidade, podemos levantar as seguintes questões como uma resposta: Assumindo que o livre-arbítrio é responsável pelo mal, como isso explica o sofrimento causado pelos fatores para além do controle humano? Por exemplo, o livre-arbítrio explica por que Deus permitiria que um terremoto destruísse um vilarejo? Por que Deus permitiria um bebê ser acometido por uma doença genética que o leva a uma morte lenta? É o livre-arbítrio do bebê o responsável? Ou é o livre-arbítrio de seus pais? Além disso, se Deus sabia antes da criação o que nós faríamos com nosso livre-arbítrio e decidiu nos criar ainda assim, não é Deus realmente o responsável pelo mal resultante?

A solução "o bem requer o mal"

Alguns filósofos tentaram solucionar o problema do mal vinculando bem e mal. Assim, por exemplo, foi sugerido que os seres humanos seriam incapazes de apreciar ou entender o bem a menos que o mal existisse. Em um mundo onde todos os seres humanos genuinamente amassem uns aos outros, podemos argumentar, ninguém seria capaz de compreender a bondade desse amor. Similarmente, podemos argumentar que a existência do bem requer a existência do mal. É impossível para um "em cima" existir sem um "embaixo", um "topo" sem um "fundo", ou o "sofrimento" sem o "prazer". Do mesmo modo, não pode haver o "bem" sem o "mal". Portanto, a decisão de Deus, ao criar a bondade, necessariamente incluiu uma decisão de criar a maldade. Em resposta à primeira solução, poderíamos afirmar que os seres humanos poderiam ainda reconhecer ou apreciar o bem se o mundo fosse constituído de níveis contrastantes de bens. Por exemplo, imagine um mundo onde todos convivem pacificamente, mas é ainda necessário fazer coisas tais como amarrar os sapatos. Em um mundo assim, poderíamos reconhecer e apreciar a bondade do amor ao compará-lo com amarrar os sapatos, o que é ou um bem muito baixo ou simplesmente um não bem. Como uma resposta à segunda solução, necessitamos somente dizer que a existência do bem requer a existência de alguma coisa que não seja boa. Dizer que alguma coisa não é boa, porém, não é o mesmo que dizer que ela é má. Essas respostas resistem a exame posterior?

A solução "o mal leva ao bem"

Talvez Deus permita que o mal exista porque, no fundo, tenha um bom propósito. Coisas más frequentemente acontecem e os indivíduos são desafiados a superá-las. Por exemplo, uma cidade é atingida por um terremoto devastador que destrói muitos lares e negócios. Inicialmente, as pessoas estão emocionalmente perturbadas. Com o tempo, no entanto, a população da cidade se une para reconstruir sua comunidade e, no fim, ela prospera mais do que antes. O que imediatamente apareceu como um infortúnio, em outras palavras, é finalmente revelado como uma bênção. A ideia básica é que Deus apresenta o mal como um desafio para nós superarmos, o que, no fim, torna o mal um bem. Em resposta, porém, podemos usar esse modo de raciocinar para justificar ações cruéis. O princípio básico em ação é que os "fins justificam os meios". Se, em outras palavras, o resultado final se converte em um bom resultado, então ele torna o ato inicial moralmente aceitável. A maioria das pessoas concordaria que esse princípio não é necessariamente bom. Suponha que uma mulher engravidou como resultado de um estupro. Suponha ainda que ela decida arcar com as consequências e levar a gravidez até o fim e então dar à luz um filho saudável, com quem ela tem uma relação de amor. Isso significa que as ações do estuprador são consideradas boas? Se os fins não justificam os meios para o estuprador, por que eles os justificariam para Deus?

Conclusão

Neste capítulo, o sumário da filosofia da religião de Hobbes revelou os seguintes pontos: (1) a razão natural revela que Deus é a primeira causa do universo; (2) embora possamos saber que Deus existe, não podemos conhecer quaisquer de suas qualidades; (3) a autoridade para interpretar a Palavra de Deus deve ser garantida ao soberano para evitar conflito civil; (4) superstição é a religião que não é permitida; e (5) Deus cria a moralidade através de sua vontade. Após o sumário, foram apresentadas, duas interpretações da filosofia da religião de Hobbes. Embora alguns intérpretes acreditem que a religião é irrelevante para a filosofia de Hobbes, outros acreditam que suas concepções acerca de Deus estão no coração dela. O capítulo concluiu com uma investigação sobre o problema do mal.

7
Conclusão

Neste livro, introduzi você não somente às principais ideias da filosofia de Hobbes, mas também às atividades filosóficas de interpretação e investigação. Um dos meus objetivos ao escrever este livro foi auxiliar você a desenvolver sua própria interpretação de Hobbes. Como vimos, muitas das ideias de Hobbes são sujeitas a uma variedade de interpretações, cada qual com seus próprios pontos fortes e fracos. À medida que você respondeu às várias questões interpretativas levantadas neste livro, você pode ter descoberto certas conexões entre suas respostas. Você pode ter descoberto, em outras palavras, que sua interpretação da filosofia de Hobbes sobre um tema terá afetado sua interpretação sobre outro tema. Por exemplo, se você interpretou as leis de natureza, de Hobbes, como leis morais que impõem obrigações morais, em vez de como princípios prudenciais que simplesmente recomendam ações benéficas, então você pode ter se inclinado a interpretá-las como comandos divinos. Agora que você tem uma imagem mais compreensiva da filosofia de Hobbes, encorajo você a reavaliar suas posições interpretativas. Isso é especialmente importante porque, em sua maior parte, as questões interpretativas neste livro foram levantadas separadamente.

Diferentemente dos capítulos anteriores, este capítulo inclui somente um sumário e a seção de interpretação. Na primeira seção deste capítulo, sumarizo algumas conexões importantes entre as questões interpretativas levantadas neste livro. A segunda seção levanta uma questão interpretativa final: Os vários ramos da filosofia de Hobbes constituem um "sistema unificado"? Não podemos tratar dessa questão sem uma visão holística de sua filosofia; ela é, portanto, uma questão interpretativa apropriada com a qual finalizar. Alguns estudiosos têm questionado se a filosofia de Hobbes é considerada um "sistema unificado" cujos vários ramos dependem, de algum modo, de outros ramos. A Filosofia Política se baseia nas descobertas feitas na Filosofia Natural e Moral? A Filosofia Moral se baseia em pressuposições da Filosofia Natural? Os três ramos da filosofia de Hobbes são ciências independentes? Há uma unidade lógica na filosofia de Hobbes? Essas questões são parte integrante do que pode ser chamado o "problema da unidade", que será tratado na segunda seção.

Sumário: Conexões entre as questões interpretativas

As seguintes questões foram levantadas nas seções Interpretação deste livro.

- Qual é a teoria da verdade de Hobbes?
- Hobbes é um egoísta psicológico ou tautológico?
- As leis de natureza de Hobbes são preceitos prudenciais ou obrigações morais?
- Hobbes aceita, implicitamente, um soberano limitado?
- Deus desempenha um papel central na filosofia de Hobbes?

Vamos dar uma breve olhada nas conexões entre algumas das respostas a essas questões.

A teoria da verdade de Hobbes e sua filosofia

Hobbes, como vimos, poderia ser interpretado como sustentando ou uma teoria da verdade como correspondência ou uma teoria da verdade como convenção. De acordo com a teoria da verdade como correspondência, uma afirmação verdadeira descreve acuradamente uma característica real do mundo. Se a afirmação "todos os seres humanos são animais" é verdadeira, então todos os seres humanos são realmente animais. A teoria da verdade como convenção afirma que a verdade é simplesmente uma questão de uso das palavras; mais especificamente, se o sujeito está "contido" no predicado (como Hobbes diria), então a afirmação é verdadeira. Nesse caso, a verdade expressa uma relação entre palavras. "Todos os seres humanos são animais" é verdadeiro, por exemplo, porque o significado de "humano" está incluído no significado de "animal". A diferença entre essas duas teorias é bastante drástica, como vimos. Assim, decidir qual teoria Hobbes sustenta tem importantes implicações para interpretar o resto de sua filosofia. Se Hobbes aceita uma teoria da verdade como convenção, então podemos questionar se qualquer de suas afirmações filosóficas descreve a realidade: Os seres humanos são realmente egoístas? Um soberano deveria ter um poder absoluto? O mundo é composto somente de corpos materiais? Se as respostas de Hobbes a tais questões são verdadeiras por definição, podemos perguntar: Por que deveríamos aceitar as definições? Se Hobbes é interpretado como sustentando uma concepção da verdade como convenção, não existe uma resposta boa para essa questão. Portanto, seria difícil avaliar quaisquer ideias filosóficas de Hobbes se elas não fossem descritivas da realidade. Nos comentários a outras questões interpretativas, vou supor que Hobbes sustenta uma concepção de verdade como correspondência, ao menos quando se trata das suas próprias afirmações filosóficas.

O egoísmo de Hobbes e o argumento político

Hobbes certamente acredita que os seres humanos são geralmente egoístas por natureza. A questão, porém, é se Hobbes acredita que *todas* as ações voluntárias de *todos* os seres humanos são *sempre* motivadas pelo desejo egoísta de ganho pessoal. Como vimos, existem duas respostas a essa questão. De acordo com a interpretação egoísta psicológica de Hobbes, todo ato humano é motivado por tal desejo. A interpretação egoísta tautológica, ao contrário, diz que os seres humanos podem agir por motivos não egoístas. Sua interpretação desse tema poderia afetar sua interpretação do argumento político de Hobbes. É necessário que *todo* indivíduo busque seu próprio ganho pessoal para o argumento político de Hobbes funcionar? Essa questão surge porque o argumento político de

Hobbes está fundamentado em afirmações universais. Por exemplo, Hobbes diz que o estado de natureza se tornará uma "guerra de *todos* contra *todos*", "*todo* homem temerá e desconfiará do outro", e "a natureza é de tal modo arranjada que *todos* desejam o bem para si próprios"[57]. Mesmo que Hobbes fale de "todas" as pessoas e "toda" pessoa, podemos afirmar que seu argumento político não requer que *todas* as pessoas sejam egoístas, mas somente que *a maioria* das pessoas seja egoísta. Mas essa afirmação está certa? Haveria uma "guerra de todos contra todos" se *a maioria* das pessoas fosse egoísta?

As leis de natureza de Hobbes e o papel de Deus

Como vimos, existem duas interpretações contrastantes das leis de natureza de Hobbes. De um lado, as leis de natureza poderiam ser interpretadas como preceitos prudenciais que sugerem ações que promovem o autointeresse de um indivíduo. Preceitos prudenciais dizem que devemos fazer alguma coisa se desejamos realizar nosso próprio bem. Por outro lado, as leis de natureza poderiam ser interpretadas como comandos moralmente obrigatórios. Nesse caso, devemos fazer algo simplesmente porque é a coisa correta a fazer. A questão do *status* moral das leis de natureza está entrelaçada com a questão acerca do papel de Deus na filosofia de Hobbes. Portanto, parece que nossa interpretação das leis de natureza de Hobbes afeta nossa interpretação do lugar de Deus na filosofia de Hobbes, e vice-versa.

Interpretação: Os vários ramos da filosofia de Hobbes constituem um sistema unificado?

No *De cive*, Hobbes afirma que pretendia apresentar sua filosofia em três estágios separados, correspondentes aos ramos principais de sua filosofia. "No primeiro", diz ele, "eu teria tratado do *corpo* e suas propriedades gerais; no segundo, do *homem* e suas faculdades e afecções especiais; no terceiro, do

57. HOBBES, 1991b, p. 48.

governo civil e dos deveres dos súditos" (*Ci* Prefácio 102-103). Como se constatou mais tarde, Hobbes publicou sua filosofia política antes dos outros dois estágios, apesar de supor-se que viria cronologicamente por último. A razão para seu aparecimento antecipado, disse Hobbes, foi o conflito, em formação na Inglaterra, entre o rei e o parlamento. Com a iminência da guerra civil, Hobbes esperava que a publicação de sua filosofia política pudesse ajudar a amenizar a tensa situação. Em todo caso, existe um debate acadêmico interessante em Hobbes concernente à relação entre os diferentes ramos de sua filosofia. De acordo com alguns estudiosos, que podem ser chamados de "intérpretes sistemáticos", a intenção de Hobbes de apresentar as três partes de sua filosofia *em uma ordem específica* sugere que os ramos têm uma conexão lógica entre si. Mais especificamente, acredita-se que a filosofia natural fornece um fundamento para a filosofia moral, que, por sua vez, fornece o fundamento lógico para a filosofia política[58]. Oponentes dessa interpretação, que podem ser chamados de "intérpretes não sistemáticos", afirmam que os vários ramos da filosofia de Hobbes são ciências independentes[59]. Após considerar essas duas interpretações, você terá de decidir por você mesmo qual interpretação é a mais razoável.

A interpretação sistemática

De acordo com a interpretação sistemática, a filosofia de Hobbes é basicamente uma cadeia de argumentos que começa com a Filosofia Natural e termina na Filosofia Política. Os intérpretes sistemáticos fundam sua concepção no uso de Hobbes do método resolutivo-compositivo. Como vimos, a ideia básica desse método é que, para entender alguma coisa, devemos "resolvê-la" intelectualmente em suas partes e, então, recompô-la. De acordo com os intérpretes sistemáticos, Hobbes começa resolvendo o corpo político em suas partes (i.e., os

58. Para exemplos da interpretação sistemática de Hobbes, cf. os seguintes textos: HERBERT, 1989; GOLDSMITH, 1966; WATKINS, 1965.

59. Cf., por exemplo, SORELL, 1986; SHELTON, 1992.

corpos naturais). Para entender um corpo político, em outras palavras, devemos primeiro entender os corpos humanos, e, para entender os corpos humanos, devemos primeiro entender os corpos naturais. Ao estudar as propriedades dos corpos naturais, chegamos ao conhecimento filosófico dos corpos humanos, e esse conhecimento, por sua vez, fornece o conhecimento dos corpos políticos. Ao recompor o corpo político a partir de suas partes, para colocar isso de outro modo ainda, chegamos a um entendimento dele. Como um intérprete sistemático afirma, Hobbes segue o método resolutivo-compositivo "ao resolver a sociedade política nos movimentos de suas partes – os seres humanos individuais – e ao resolver seus movimentos, por sua vez, em forças imaginadas ou hipotéticas ou simples que, compostas, poderiam ser mostradas para explicá-los"[60].

Existe boa evidência para a interpretação sistemática, uma vez que Hobbes frequentemente fala como se os princípios de cada ciência estivessem relacionados entre si como elos em uma cadeia dedutiva. No *De corpore*, por exemplo, Hobbes afirma que os princípios da Filosofia Política são encontrados na Filosofia Moral: "os princípios da Política consistem no conhecimento dos movimentos da mente" (*Co* 6.74). A Filosofia Moral, por sua vez, parece ser dependente das conclusões da Física, uma vez que "movimentos mentais" têm suas "causas nos sentidos e na imaginação, que são o tema da contemplação física" (*Co* 6.73). Os princípios da Filosofia Civil, em outras palavras, são descobertos por uma investigação dos movimentos mentais que, por sua vez, requerem uma investigação física das faculdades dos sentidos e da imaginação. A Filosofia Natural, de acordo com essa interpretação, fornece a base para um entendimento da natureza humana que, por sua vez, fornece o fundamento para a Filosofia Civil.

A interpretação não sistemática

Em contraste com os intérpretes sistemáticos, defensores da interpretação "não sistemática", afirmam que as diferentes

---

60. MacPHERSON, 1968, p. 27.

partes do sistema de Hobbes são ciências independentes que não têm conexão lógica entre si. A principal razão para essa afirmação é a asserção de Hobbes de que os princípios de Filosofia Política podem ser conhecidos através da experiência e introspecção. No prefácio ao *De cive*, Hobbes afirma que ainda que o trabalho fosse publicado "fora da ordem", ele pode ainda assim ser autossuficiente. "Ocorre, portanto", diz Hobbes, "que o que estava por último na ordem [i.e., sua filosofia política] é, porém, o que aparece primeiro no tempo. E especialmente porque eu vi que, fundada em seus próprios princípios, suficientemente conhecidos pela experiência, não estaria em necessidade da anterior [i.e., a Filosofia Natural]" (*Ci* Prefácio 103). Uma outra razão para acreditar que a filosofia política de Hobbes não está logicamente conectada à sua filosofia natural é que a primeira é supostamente *normativa*, enquanto a segunda é *descritiva*. Como vimos, uma afirmação *descritiva* é aquela que *descreve* uma dada coisa ou estado de coisas. Na Física, por exemplo, os cientistas tentam descrever como o mundo realmente é. Uma afirmação *normativa* (ou *prescritiva*) *prescreve* um certo curso de ação; ela nos informa sobre o que devemos fazer. Filósofos chamam atenção, com frequência, para o fato de que não podemos derivar uma afirmação prescritiva de uma descritiva. Em outros termos, não é possível derivar um "deve" de um "é". Por exemplo, somente porque *é* verdade que os homens ganham mais do que as mulheres, não significa que isso *deve* ser assim. Espera-se que a filosofia política de Hobbes, alguns podem argumentar, informe-nos sobre o que *devemos* fazer quando se trata de questões políticas. Esse tipo de afirmação não pode ser derivado da Física. Portanto, a filosofia política de Hobbes é logicamente independente de sua filosofia natural.

Passagens a considerar

Comentários e questões à passagem 1

Na passagem 1, Hobbes descreve o método de sua filosofia política. Ele diz que, para entender de questões políticas propriamente, devemos "dissolver" o Estado e estudar a natureza humana. Em outras palavras, parece que a Filosofia Moral é um degrau para a Filosofia Política. Ele salienta que a experiência da natureza humana revela que os seres humanos naturalmente "temem e desconfiam" um do outro. Esse "fato" da natureza humana, como vimos, é um princípio fundamental na filosofia política de Hobbes. Interessantemente, Hobbes não diz que um entendimento próprio da natureza humana requer um estudo físico dos corpos naturais. Em outras palavras, ele não diz que a Filosofia Natural é necessária para a Filosofia Moral. Em vez disso, Hobbes diz que os princípios da natureza humana são "conhecidos pela experiência", sugerindo que eles não são conhecidos por uma investigação dos corpos naturais em geral. Portanto, de acordo com essa passagem, pareceria que a Filosofia Política é dependente da Filosofia Moral, mas não da Filosofia Natural. À primeira vista, o fato de que os princípios da natureza humana são conhecidos pela experiência parece descartar a interpretação sistemática porque a Filosofia Natural não parece ser uma parte necessária da filosofia moral e política de Hobbes. Um defensor da interpretação sistemática, no entanto, pode afirmar que Hobbes está falando frouxamente. Por exemplo, eu poderia dizer que "conheço" por "experiência" que nuvens escuras trazem chuva. Todavia, o conhecimento verdadeiro de por que isso acontece depende de uma investigação profunda do mundo natural. Em outras palavras, eu não sei, realmente, se nuvens escuras trazem chuva até que uma investigação científica prove isso. Talvez Hobbes esteja usando um modo similar de falar. Ele pode "saber" pela experiência que seres humanos irão temer e desconfiar um do outro, mas somente uma investigação profunda da natureza física do mundo provará isso. Essa resposta parece consistente com a passagem 1? Ou a passagem 1 produz sérios danos à interpretação sistemática?

> Passagem 1
>
> Com relação ao meu método, pensei não ser suficiente usar um estilo plano e evidente no que tenho que apresentar, a não ser que eu tomasse meu começo da própria matéria do governo civil e daí procedesse à sua geração e forma e ao primeiro princípio da justiça. Porque tudo é melhor enten-

> dido de acordo com suas causas constitutivas. Porque como em um relógio, ou algum mecanismo pequeno desse tipo, a matéria, a figura e o movimento das rodas não podem ser bem conhecidos, a não ser que sejam considerados separadamente e vistos em partes; assim, para fazer uma pesquisa mais cuidadosa sobre os direitos dos Estados e dos súditos, é necessário, digo, não considerá-los em separado, mas como se estivessem dissolvidos; isto é, que corretamente entendamos qual é a qualidade da natureza humana, naquelas coisas em que ela é, e naquelas em que ela não é, apta para constituir um governo civil, e o quanto os homens devem estar de acordo entre si quanto a pretenderem crescer em um Estado bem fundamentado. Tendo, portanto, seguido esse tipo de método, em primeiro lugar estabeleço um princípio, pela experiência conhecido por todos os homens, e por nenhum negado, a saber, que as disposições dos homens são naturalmente tais que, exceto se forem restringidos por meio do medo de algum poder coercitivo, todo homem pode temer e desconfiar um do outro, e como por direito natural ele pode, assim, como por necessidade, ele será forçado a fazer uso da força que tem para a preservação de si mesmo (*Ci* Prefácio 98-99).

Comentários e questões à passagem 2

Leo Strauss é um estudioso de Hobbes que defende a interpretação não sistemática. Ele diz que a filosofia política de Hobbes é independente da filosofia natural "porque seus princípios não são emprestados da ciência natural, não são, na verdade, emprestados de ciência alguma, mas são fornecidos pela experiência que cada um tem de si próprio, ou, para colocar mais acuradamente, são descobertos pelos esforços do autoconhecimento e do autoexame de cada um"[61]. Na passagem 2, Hobbes sugere que o modo de entender os princípios da natu-

61. STRAUSS, 1963, p. 7.

reza humana é através da autoinspeção. Esta passagem confirma a concepção de Strauss? Ou, alguém poderia encontrar uma interpretação razoável desta passagem que ainda contemplasse a interpretação sistemática?

> Passagem 2
>
> Mas existe outro dito, não entendido ultimamente, pelo qual elas [as pessoas] poderiam aprender verdadeiramente a ler umas as outras, se elas se esforçassem; a saber, *nosce te ipsum* (conhece a ti mesmo), que não significava, como é comum agora, incentivar o estado bárbaro de homens no poder, em relação aos seus inferiores, nem encorajar homens de baixo nível a um comportamento petulante para com os seus superiores, mas para ensiná-los a similitude entre os pensamentos e paixões de um homem e os pensamentos e paixões de outro, [para que] todo aquele que investigue a si mesmo e considere o que faz quando pensa, opina, raciocina, tem esperança, teme etc., e sob que fundamentos, possa então, por meio disso, ler e conhecer o que são os pensamentos e paixões de todos os outros homens em iguais situações [...] Mas deixar que um homem leia um outro por suas ações, nunca assim tão perfeitamente, é útil a ele somente com seus conhecidos, que não são senão poucos. Aquele que for governar toda uma nação deve ler em si mesmo, não este ou aquele homem particular, mas a humanidade; o que é difícil de fazer, mais difícil do que aprender qualquer língua ou ciência; contudo, quando eu tiver estabelecido minha própria leitura, ordenada e perspicazmente, os esforços deixados a outro serão somente os de considerar se ele também não encontra o mesmo em si próprio. Porque esse tipo de doutrina, não admite outra demonstração (L Introdução 82-83).

Comentários e questões à passagem 3

Como evidência posterior para a interpretação não sistemática, poderíamos nos referir à afirmação de Hobbes na passagem 3, segundo a qual os princípios da Filosofia Política são conhecidos por experiência. Nessa passagem, Hobbes explica por que ele publicou o *De cive*, que contém sua filosofia política e moral e é considerado o "último na ordem", antes de outras partes de sua filosofia. Embora Hobbes diga que sua filosofia moral e política não "estariam em necessidade" da Filosofia Natural, podemos ainda nos perguntar por que ela deveria vir por último no tempo. Em outras palavras, por que, para começar, haveria mesmo uma ordem para os três ramos da Filosofia, se cada um deles é independente dos outros?

> Passagem 3
>
> Ocorre, portanto, que aquilo que era último na ordem [i.e., a filosofia política e moral de Hobbes], é, todavia, o que aparece primeiro no tempo. E especialmente porque vi que, fundada em seus próprios princípios, suficientemente conhecidos pela experiência, não estaria em necessidade da anterior [i.e., a Filosofia Natural] (*Ci* Prefácio 103).

Conclusão

A filosofia política de Hobbes é um sistema "unificado" que progride logicamente do estudo de corpos naturais para os corpos humanos e desses para os corpos políticos? Para responder a essa questão, você deve reconsiderar os principais elementos da filosofia de Hobbes. Como todas as outras questões interpretativas levantadas neste livro, uma solução adequada requer que você leia os textos de Hobbes cuidadosamente e decida por você mesmo. Essa questão de interpretação, no entanto, requer que você considere a filosofia de Hobbes como um todo, para considerar suas intenções tanto filosófica como historicamente, e para determinar a relação específica entre as várias partes de sua filosofia. Com certeza, você tem agora seu próprio entendimento da filosofia de Hobbes, seu próprio modo de interpretar seu pensamento, e seu próprio modo de investigar seus temas filosóficos. Portanto, esse problema final deixo para você mesmo responder.

Referências

AUBREY, J. (1972). *Aubrey's brief lives*. Harmondsworth: Penguin.

BAUMGOLD, D. (2000). "When Hobbes needed History". In: ROGERS, G.A.J. & SORRELL, T. (orgs.). *Hobbes and History*. Londres: Routledge, p. 25-43.

______ (1988). *Hobbes's political theory*. Cambridge: Cambridge University Press.

BODIN, J. (1992). *On sovereignty*: four chapters from the six books of the commonwealth. Cambridge: Cambridge University Press [trad. de J.H. Franklin].

BOONIN-VAIL, D. (1994). *Thomas Hobbes and the science of moral virtue*. Cambridge: Cambridge University Press.

BRANDON, E. (2001). "Hobbes and the imitation of God". *Inquiry*, 44.2, p. 223-226.

BROWN JR., C.W. (1987). "Thucydides, Hobbes, and the derivation of anarchy". *History of political thought*, 8.1, p. 33-62.

BURNS, N.T. (1972). *Christian mortalism from Tyndale to Milton*. Cambridge: Harvard University Press.

CALLAGHAN, G.K. (2001). "Nominalism, abstraction, and generality in Hobbes". *History of Philosophy quarterly*, 18.

CALVIN, J. (1986). *Institutes of the christian religion*. Grand Rapids: William B. Eerdmans [trad. de F.L. Battles].

______ (1983). "Psychopannychia". In: BEVERIDGE, H. (org.). *Selected works of John Calvin*. Vol. 3. Grand Rapids: Baker Books House, p. 413-490.

______ (1965). *Commentaries on the first book of Moses called Genesis.* Grand Rapids: William B. Eerdmans.

CHAPPEL, V. (1999). *Hobbes and Bramhall on liberty and necessity.* Cambridge: Cambridge University Press.

CONNOR, R.W. (1984). *Thucydides.* Princeton: Princeton University Press.

CURLEY, E. (1996a). "Calvin and Hobbes, or, Hobbes as an orthodox christian". *Journal of the history of Philosophy*, 34.2, p. 257-271.

______ (1996b). "Reply to Professor Martinich". *Journal of the history of Philosophy*, 34.2, p. 285-287.

______ (1992). "'I durst not write so boldly' or How to read Hobbes' theological-political treatise". In: BOSTRENGHI, D. (org.). *Hobbes e Spinoza.* Naples: Bibliopolis, p. 497-593.

______ (1989-1990). "Reflections on Hobbes" – Recent work on his moral and political philosophy. *Journal of philosophical research*, 15, p. 169-250.

DESCARTES, R. (1984a). *The philosophical writings of Descartes.* Vol. 2. Cambridge: Cambridge University Press [org. por J. Cottingham, R. Stoothoff e D. Murdoch].

______ (1984b). "Third set of objections with the author's replies". In: COTTINGHAM, STOOTHOFF & MURDOCH (orgs.). *The philosophical writings of Descartes.* Cambridge: Cambridge University Press.

EWIN, R.E. (1991). *Virtue and rights* – The moral philosophy of Thomas Hobbes. São Francisco: Westview Press.

FRANKLIN, J.H. (1973). *Jean Bodin and the rise of absolutist theory.* Cambridge: Cambridge University Press.

GAUTHIER, D.P. (1986). *Morals by agreement.* Oxford: Clarendon Press.

______ (1969). *The logic of Leviathan.* Oxford: Oxford University Press.

GEACH, P. (1981). "The religion of Thomas Hobbes". *Religious studies*, 17, p. 549-558.

GERT, B. (1965a). "Hobbes and psychological egoism". *Journal of the history of ideas*, 28, p. 503-520.

______ (1965b). "Hobbes, mechanism, and egoism". *Philosophical quarterly*, 15, p. 341-349.

GOLDSMITH, M.M. (1966). *Hobbes's science of politics*. Nova York: Columbia University Press.

GRANT, R.M. & TRACY, D. (1984). *A short history of the interpretation of the Bible*. Filadélfia: Fortress Press.

HAMPTON, J. (1986). *Hobbes and the social contract tradition*. Cambridge: Cambridge University Press.

HANSEN, D. (1990). "The meaning of 'scientific demonstration' in Hobbes' science". *History of political thought*, 11, p. 587-626.

HARVEY, M. (1999). "Hobbes's conception of natural law". *The southern journal of Philosophy*, 37, p. 441-460.

HERBERT, G. (1989). *Thomas Hobbes* – The unity of scientific and moral wisdom. Vancouver: University of British Columbia Press.

HOBBES, T. (1994a). "An answer to a book published by Dr. Bramhall, late bishop of Derby; called the 'Catching of Leviathan'". In: MOLESWORTH, W. (org.). *The English works of Thomas Hobbes*. Vol. 4. Londres: Routledge.

______ (1994b). "Considerations upon the reputation, loyalty, manners, and religion, of Thomas Hobbes, of Malmesbury, written by himself, by way of a letter to a learned person". In: MOLESWORTH, W. (org.). *The English works of Thomas Hobbes*. Vol. 4. Londres: Routledge.

______ (1994c). "De corpore". In: MOLESWORTH, W. (org.). *The English works of Thomas Hobbes*. Vol. 1. Londres: Routledge.

______ (1994d). *Elements of law natural and Politic*. Oxford: Oxford University Press [org. por J.C.A. Gaskin].

______ (1994e). *Human nature and De corpore politico*. Oxford: Oxford University Press [org. por J.C.A. Gaskin].

______ (1994f). *Leviathan*. Indianápolis: Hackett, 1994 [org. por E. Curley].

______ (1994g). *The correspondence of Thomas Hobbes*. Oxford: Oxford University Press [org. por N. Malcolm].

______ (1994h). *The questions concerning liberty, necessity, and chance*. In: MOLESWORTH, W. (org.). *The English works of Thomas Hobbes*. Vol. 5. Londres: Routledge.

______ (1991a). "De cive". In: GERT, B. (org.). *Thomas Hobbes: man and citizen*. Indianápolis: Hackett.

______ (1991b). "De homine". In: GERT, B. (org.). *Thomas Hobbes: man and citizen*. Indianápolis: Hackett.

______ (1990). *Behemoth*. Chicago: University of Chicago Press.

______ (1985). *Leviathan*. Londres: Penguin.

______ (1984). "Third set of objections with the author's replies". In: COTTINGHAM, STOOTHOFF & MURDOCH (orgs.). *The philosophical writings of Descartes*. Vol. 2. Cambridge: Cambridge University Press.

______ (1969). *Elements of law natural and Politic*. Londres: Frank Cass & Co. [org. por F. Toennies].

______ (1846). "Behemoth". In: MOLESWORTH, W. (org.). *The English works of Thomas Hobbes of Malmesbury*. Vol. 6. Londres: John Bohn.

______ (1841). "De corpore". In: MOLESWORTH, W. (org.). *The English works of Thomas Hobbes of Malmesbury*. Vol. 1. Londres: John Bohn.

JESSEPH, D.M. (1999). *Squaring the circle*. Chicago: University of Chicago Press.

JOHNSON, C. (1985). "The hobbesian conception of sovereignty and Aristotle's Politics". *Journal of the history of ideas*, 46, p. 327-347.

JOHNSTON, D. (1986). *The rhetoric of Leviathan*. Princeton: Princeton University Press.

KARSKENS, M. (1982). "Hobbes's mechanistic theory of science, and its role in his anthropology". In: BEND, J.G. (org.). *Thomas Hobbes: his view of man*. Amsterdã: Rodopi.

KAVKA, G. (1986). *Hobbesian moral and political theory*. Princeton: Princeton University Press.

______ (1984). "The reconciliation project". In: COPP, D. & ZIMMERMAN, D. (orgs.). *Morality, reason and truth*. Totowa: Rowman & Allanheld, p. 297-319.

KLOSKO, G. & RICE, D. (1985). "Thucydides and Hobbes's state of nature". *History of political thought*, 6.3, p. 405-409.

KRAUS, S. (1993). *The limits of hobbesian contractarianism*. Cambridge: Cambridge University Press.

LLOYD, S.A. (1992). *Ideals as interests in Hobbes's Leviathan*. Cambridge: Cambridge University Press.

LOCKE, J. (1980). *Second treatise of government*. Cambridge: Hackett.

LOCKYER, R. (1954). *Tudor and Stuart Britain: 1471-1714*. Londres: Longmans, Green & Co.

LOTT, T. (1974). "Motivation and egoism in Hobbes". *Kinesis*, 6, p. 112-125.

LUTHER, M. (1989a). "Disputation against Scholastic Theology". In: LULL, T.F. (org.). *Martin Luther's basic theological writings*. Mineápolis: Fortress Press.

______ (1989b). "Disputation on the power and efficacy of indulgences". In: LULL, T.F. (org.). *Martin Luther's basic theological writings*. Mineápolis: Fortress Press.

______ (1989c). "Preface to the Old Testament". In: LULL, T.F. (org.). *Martin Luther's basic theological writings*. Mineápolis: Fortress Press.

MacPHERSON, C.B. (1968). "Introduction to Leviathan". In: HOBBES, T. *Leviathan*. Harmondsworth: Penguin.

______ (1962). *The political theory of possessive individualism*: Hobbes to Locke. Oxford: Clarendon Press.

MARTINICH, A.P. (1999). *Hobbes: a biography*. Cambridge: Cambridge University Press.

______ (1997a). *Thomas Hobbes*. Nova York: St Martin's Press.

______ (1997b). *Thomas Hobbes*. Oxford: Oxford University Press.

______ (1996). "On the proper interpretation of Hobbes's Philosophy". *Journal of the history of Philosophy*, 34.2, p. 273-283.

______ (1992). *The two Gods of Leviathan*. Cambridge: Cambridge University Press.

McNEILLY, F.S. (1968). *The anatomy of Leviathan*. Londres: St. Martin's Press.

NAGEL, T. (1959). "Hobbes's concept of obligation". *The philosophical review*, 68.1, p. 68-83.

OVERTON, R. (1968). *Mans mortalitie*. Liverpool: Liverpool University Press [org. por H. Fisch].

PELIKAN, J. (1984). *The christian tradition*. Vol. 4. Chicago: University of Chicago Press.

POCOCK, J.G.A. (1973). "Time, history, and eschatology in the thought of Thomas Hobbes". In: *Politics, language and time*. Nova York: Atheneum, p. 148-201.

ROGERSON, J.; ROWLAND, C. & LINDARS, B. (1988). *The Study and use of the Bible*. Grand Rapids: William B. Eerdmans [The history of christian theology series; vol. 2].

RUPP, E.G. (org.) (1969). *Luther and Erasmus: free will and salvation*. Filadélfia: Westminster Press.

SACKSTEDER, W. (1980). "Hobbes: the art of geometricians". *Journal of the history of Philosophy*, 18, p. 131-146.

______ (1979). "Speaking about mind: Endeavour in Hobbes". *The philosophical forum*, 11, p. 65-79.

SARASOHN, L.T. (1985). "Motion and morality: Pierre Gassendi, Thomas Hobbes, and the mechanical world-view". *Journal of the history of ideas*, 46, p. 363-79.

SCHNEEWIND, J.B. (1998). *The invention of autonomy*. Cambridge: Cambridge University Press.

SHELTON, G. (1992). *Morality and sovereignty in the philosophy of Hobbes*. Nova York: St Martin's Press.

SKINNER, Q. (1996). *Reason and rhetoric in the philosophy of Hobbes*. Cambridge: Cambridge University Press.

______ (1978). *The foundations of modern political thought*. Cambridge: Cambridge University Press.

SLOMP, G. (1990). "Hobbes, Thucydides and the three greatest things". *History of political thought,* 9.4, p. 565-586.

SMITH, D.L. (1998). *A history of the modern British Isles, 1603-1707*. Oxford: Blackwell.

SOMMERVILLE, J.P. (1992). *Thomas Hobbes: political ideas in historical context*. Nova York: St Martin's Press.

SORELL, T. (1986). *Hobbes*. Londres: Routledge & Kegan Paul.

STRAUSS, L. (1963). *The political philosophy of Hobbes*: its basis and its genesis. Chicago: University of Chicago Press.

______ (1952a). *Persecution and the art of writing*. Chicago: University of Chicago Press.

______ (1952b). *The political philosophy of Hobbes*. Chicago: University of Chicago Press.

SUAREZ, F. (1944). "De legibus". In: *Selections from three works*. Oxford: Clarendon Press.

TAYLOR, A.E. (1965). "The ethical doctrine of Hobbes". In: BROWN, K.C. (org.). *Hobbes studies*. Cambridge: Harvard University Press, p. 35-55.

TREVOR-ROPER, H. (1992). *From counter-reformation to Glorious Revolution*. Chicago: University of Chicago Press.

TUCK, R. (1989). *Hobbes*. Oxford: Oxford University Press.

WARRENDER, H. (1965). *The political philosophy of Thomas Hobbes*: his theory of obligation. Oxford: Clarendon Press.

WATKINS, J. (1965). *Hobbes's system of ideas*. Londres: Hutchinson & Co.

WILLIAMS, G.H. (1962). *The radical reformation*. Filadélfia: Westminster Press.

WILLIAMS, P. (1995). *The later Tudors*: England 1547-1603. Oxford: Clarendon Press.

ZARKA, Y.C. (1996). "First Philosophy and the foundation of knowledge". In: SORELL, T. (org.). *The Cambridge Companion to Hobbes*. Cambridge: Cambridge University Press, p. 62-85.

ÍNDICE REMISSIVO